カーネギーおじさんに へ ③

「こども『話《はな》し方《かた》入《にゅう》門《もん》』」

著《ちょ》 齋《さい》藤《とう》孝《たかし》

伝《つた》わる話《はな》し方《かた》

創元社

はじめに

この本《ほん》のもとになったのは、アメリカで出版《しゅっぱん》された『カーネギー話《はな》し方入門《かたにゅうもん》』という本《ほん》です。今《いま》から100年《ねん》くらい前《まえ》、デール・カーネギーさんという人《ひと》が書《か》きました。『カーネギー話《はな》し方入門《かたにゅうもん》』には、どうやったら上手《じょうず》に話《はなし》が伝《つた》えられるか、方法《ほうほう》が詳《くわ》しく書《か》かれているんです。その内容《ないよう》をぼくがみんなにわかるように、やさしく書《か》き直《なお》したのがこの本《ほん》です。

これからみんなは学校《がっこう》で勉強《べんきょう》して、そのあと社会《しゃかい》に出《で》て働《はたら》いたり、家庭《かてい》をもったりするかもしれませんが、どんな場面《ばめん》でも大切《たいせつ》なのが、人《ひと》とコミュニケーションをとるということです。コミュニケーションとは、人《ひと》とわかりあうということ。自分《じぶん》の考《かんが》えをちゃんと人《ひと》に伝《つた》えられないと、お互《たが》いにわかりあうことができないんです。

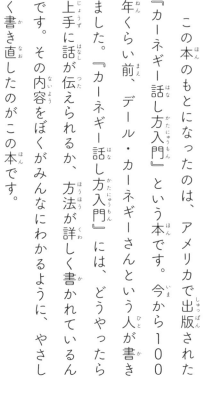

「言《い》わなくてもわかってよ」というのは通《つう》じないんだよ。

せっかくいいアイデアを思《おも》いついても、人前《ひとまえ》でちゃんと説明《せつめい》できないと、使《つか》ってもらえないよね。1万円札《まんえんさつ》の肖像《しょうぞう》になっている福澤諭吉先生《ふくざわゆきちせんせい》も、自分《じぶん》の意見《いけん》をちゃんと言《い》う「スピーチ」の大切《たいせつ》さを述《の》べています。外国《がいこく》の人《ひと》の前《まえ》でも、相手《あいて》の人《ひと》にわかるように、自分《じぶん》の考《かんが》えが伝《つた》えられる。それがこれからみなさんが生《い》きていくために必《ひつ》要《よう》な力《ちから》です。

この本《ほん》にはどうやったらドキドキしないで、上手《じょうず》にわかりやすく話《はなし》ができるか、30個《こ》の方法《ほうほう》が書《か》いてあります。できそうなことをひとつずつ、やってみてください。30個《こ》、全部《ぜんぶ》できるようになったら、みんなはもうどんな人《ひと》の前《まえ》に出《で》ても、堂々《どうどう》とお話《はなし》ができるようになっているでしょう。

齋藤《さいとう》 孝《たかし》

もくじ

はじめに——2
この本《ほん》の読《よ》み方《かた》——8

第《だい》1章《しょう》 話《はな》すための心《こころ》の準備《じゅんび》

Q01 うまく話《はな》せる気《き》がしないよ！
訓練《くんれん》を受《う》け練習《れんしゅう》を重《かさ》ねることで人前《ひとまえ》で話《はな》す恐怖《きょうふ》が克服《こくふく》され、自信《じしん》と確《たし》かな勇気《ゆうき》が身《み》につく。——12

Q02 みんなの前《まえ》に出《で》ると頭《あたま》がまっ白《しろ》になっちゃう！
大勢《おおぜい》の人《ひと》を前《まえ》にしたほうが頭《あたま》がよく働《はたら》くはずです。聴《き》いてくれる人《ひと》がいるということが、あなたを刺激《しげき》しあなたの気《き》持《も》ちを高揚《こうよう》させるのです——14

Q03 うまく話《はな》せるとどうなるの？
開演《かいえん》二《に》分前《ふんまえ》には、話《はな》しはじめるより鞭《むち》で打《う》たれたほうがましだと思《おも》うのに、終了《しゅうりょう》二《に》分前《ふんまえ》になると、話《はなし》をやめるくらいならピストルで撃《う》たれたほうがよいと思《おも》うほどです。——16

Q04 どうしたら緊張《きんちょう》しないでいられるの？
その話題《わだい》について、十分《じゅうぶん》に考《かんが》え、構想《こうそう》を練《ね》り、内容《ないよう》を熟知《じゅくち》していない限《かぎ》り、人《ひと》を前《まえ》にして心《こころ》の平静《へいせい》を保《たも》つことはできません。——18

Q05 自信《じしん》がないよ！
話《はなし》の内容《ないよう》に全身全霊《ぜんしんぜんれい》を傾《かたむ》けてください。それを隅々《すみずみ》まで我《わ》がものにし、それに思《おも》いを込《こ》めてください。そして、決然《けつぜん》と相《あい》手《て》に話《はなし》しかけるのです。そうすれば、あなたがその場《ば》の主人《しゅじん》公《こう》、また自分自身《じぶんじしん》の主人公《しゅじんこう》になる日《ひ》が近《ちか》いことは、もう間違《まちが》いありません。——20

Q06 みんなの前《まえ》に立《た》つのがこわい！
恐怖心《きょうふしん》は自信《じしん》の欠如《けつじょ》が原因《げんいん》であり、自信《じしん》の欠如《けつじょ》は自分《じぶん》の実《じつ》力《りょく》を知《し》らないことから来《く》る。そして実力《じつりょく》を知《し》らないのは、経《けい》験《けん》不足《ぶそく》の結果《けっか》である。つまり、成功《せいこう》した経験《けいけん》を積《つ》めば、恐怖《きょうふ》心《しん》は消《き》えるということである。——22

Q07 かっこうよく、すらすら話《はな》せないんだけど
話《はな》し手《て》が、頭《あたま》にも心《こころ》にも本物《ほんもの》の伝《つた》える内容《ないよう》、話《はな》さずにいられないものを持《も》っている時《とき》、そのスピーチは成功《せいこう》したも同《おな》じである。十分準備《じゅうぶんじゅんび》されたスピーチは、それだけで九割方完了《きゅうわりがたかんりょう》したと言《い》える。——24

COLUMN《コラム》 1 カーネギーおじさんって、どんな人《ひと》？——26

第《だい》2章《しょう》 話《はな》す内容《ないよう》はどうやって考《かんが》えるの

Q08 話《はなし》はどうやって準備《じゅんび》すればいい?
本当《ほんとう》の準備《じゅんび》とは、自分自身《じぶんじしん》の中《なか》から何《なに》かを掘《ほ》り出《だ》すこと、自分自身《じぶんじしん》の思想《しそう》を集《あつ》めて組《く》み立《た》てること、自分自身《じぶんじしん》の信念《しんねん》を大切《たいせつ》に育《そだ》てることだ。——28

Q09 準備《じゅんび》が足《た》りないんじゃないかって、心配《しんぱい》なんだ
題材《だいざい》は前《まえ》もって決《き》めておくこと。そうすれば空《あ》き時間《じかん》に考《かんが》えをめぐらすことができます。七日間熟考《なのかかんじゅっこう》し、七晩《ななばん》その夢《ゆめ》を見《み》るのです。——30

Q10 堂々《どうどう》と話《はな》すにはどんな準備《じゅんび》をしたらいい?
余力《よりょく》を蓄《たくわ》えるためには、実際《じっさい》に使用《しよう》できるよりはるかに多《おお》くの知識《ちしき》を仕入《しい》れ、情報《じょうほう》を十分蓄積《じゅうぶんちくせき》することだ。——32

Q11 どうしたらわかりやすい話《はなし》になるの?
スピーチは航海《こうかい》であり、海図《かいず》が欠《か》かせない。行《ゆ》き先《さき》もわからず出港《しゅっこう》すれば、どこにも行《い》き着《つ》けないのが普通《ふつう》だろう。——34

Q12 頭《あたま》のいい人《ひと》の話《はなし》だったね、と言《い》われたい
その題材《だいざい》について、両面《りょうめん》の事実《じじつ》をすべて集《あつ》め、整理《せいり》し、検討《けんとう》し、咀嚼《そしゃく》するべきである。それらが事実《じじつ》であることを証明《しょうめい》し、そこから必然的《ひつぜんてき》に導《みちび》き出《だ》される結論《けつろん》を自分《じぶん》の頭《あたま》で考《かんが》え出《だ》すこと——36

COLUMN《コラム》 2 『カーネギー話《はな》し方入門《かたにゅうもん》』って、どんな本《ほん》?——38

第《だい》3章《しょう》 実際《じっさい》に話《はな》すときに注意《ちゅうい》すること

Q13 メモをもたないと心配《しんぱい》で……
メモというものは、スピーチに対《たい》する話《はな》し相手自身《あいてじしん》の興味《きょうみ》を半減《はんげん》させる。阻害《そがい》すると言《い》ってもよい。読《よ》み上《あ》げるなどもってのほかだ。——40

Q14 話《はなし》をとぎれとぎれにしないで、ちゃんと話《はな》せるかな
スピーチの要点《ようてん》を覚《おぼ》えるには、それぞれを、一《ひと》つの要点《ようてん》が必然的《ひつぜんてき》に次《つぎ》へと導《みちび》くような論理的《ろんりてき》な順序《じゅんじょ》に並《なら》べること——42

Q 15 ちゃんと心《こころ》に届《とど》くように話《はな》したい

上手《じょうず》に話《はな》すためには、このコミュニケーションへの意識《いしき》こそ何《なに》よりも大切《たいせつ》なのです。聴衆《ちょうしゅう》は、話《はな》し手《て》の頭《あたま》と心《こころ》から自分《じぶん》たちの頭《あたま》と心《こころ》に一《ひと》つの内容《ないよう》が直接《ちょくせつ》伝《つた》えられていると、肌《はだ》で感《かん》じる必要《ひつよう》があるのです。—— 44

Q 16 上手《じょうず》な話《はな》し方《かた》ってある？

自然《しぜん》な話《はな》し方《かた》をすれば、あなたはこの世《よ》の誰《だれ》とも違《ちが》う独特《どくとく》の話《はな》し方《かた》をすることになる。自分《じぶん》の個性《こせい》、自分独自《じぶんどくじ》の手法《しゅほう》をスピーチに盛《も》り込《こ》もう。—— 46

Q 17 どうしたら自然《しぜん》に話《はな》せるの？

聴衆《ちょうしゅう》の中《なか》から、後《うし》ろのほうの一番《いちばん》飲《の》み込《こ》みの悪《わる》そうな人《ひと》を誰《だれ》か一人《ひとり》選《えら》び出《だ》し、その人《ひと》に向《む》かって話《はな》すのです。他《ほか》にも人《ひと》がいることはすっかり忘《わす》れましょう。その人《ひと》と「対話《たいわ》」をするのです。—— 48

Q 18 大事《だいじ》なこと、ちゃんと伝《つた》わっているのかな？

会話《かいわ》では、私《わたし》たちは一語《いちご》の中《なか》の一音節《いちおんせつ》に狙《ねら》いを定《さだ》め、それを強《つよ》く発音《はつおん》し、その他《た》の音節《おんせつ》は（中略《ちゅうりゃく》）大急《おおいそ》ぎで発音《はつおん》します。—— 50

Q 19 どうしたら飽《あ》きずに聞《き》いてもらえるの？

自分《じぶん》が選《えら》んだ句《く》や語《ご》のところで、急《きゅう》に声《こえ》の調子《ちょうし》を上《あ》げたり下《さ》げたりすることで、その句《く》や語《ご》を、前庭《ぜんてい》の青々《あおあお》とした月桂樹《げっけいじゅ》のように際立《きわだ》たせることができます。—— 52

Q 20 「これだけはわかってほしい」ということがある

（リンカーンは）演説《えんぜつ》が、聞《き》き手《て》の心《こころ》に深《ふか》く印象《いんしょう》づけたいと思《おも》う重要《じゅうよう》な問題《もんだい》に差《さ》しかかると、体《からだ》を前《まえ》にかがめてしばらく聞《き》き手《て》の目《め》をまっすぐ見《み》すえ、まったく何《なに》も言《い》いません。この突然《とつぜん》の沈黙《ちんもく》は突然《とつぜん》の音《おと》と同《おな》じ効果《こうか》がありました。—— 54

COLUMN《コラム》 3 覚《おぼ》えておきたい有名《ゆうめい》なスピーチとは —— 56

第《だい》4章《しょう》 盛《も》り上《あ》げて話《はな》すにはどうしたらいいの？

Q 21 みんなを引《ひ》きつける話《はなし》にしたい！

彼《かれ》（リン・ハロルド博士《はかせ》）は講演《こうえん》に先立《さきだ》って、はじめと終《お》わりの

言葉《ことば》を周到《しゅうとう》に準備《じゅんび》しました。（中略《ちゅうりゃく》）実際《じっさい》、常識《じょうしき》と経験《けいけん》のある話《はな》し手《て》は皆《みな》そうしています。——58

Q 22 みんなに好意《こうい》をもってもらえる話《はな》し方《かた》ってある？

笑顔《えがお》。ここにいるのがうれしくてたまらない、と言《い》いたげな態度《たいど》で聴衆《ちょうしゅう》の前《まえ》に出《で》よう。——60

Q 23 みんなを笑《わら》わせるのが難《むずか》しい！

聴衆《ちょうしゅう》を笑《わら》わせる能力《のうりょく》ほど、身《み》につけるのが困難《こんなん》で、しかもめったに身《み》につかないものが他《ほか》にあるでしょうか？——62

Q 24 むずかしい話《はなし》をするときはどんな工夫《くふう》をしたらいい？

普通《ふつう》の聴衆《ちょうしゅう》にとって、抽象的《ちゅうしょうてき》な話《はなし》に長《なが》い間《あいだ》つきあわされるのは骨《ほね》が折《お》れるし、つらいものです。その点《てん》、具体的《ぐたいてき》な話《はなし》だったら、ずっと聞《き》きやすく、理解《りかい》しやすくなります。——64

Q 25 こちらに注目《ちゅうもく》してもらうには、どうしたらいい？

聞《き》き手《て》の注意《ちゅうい》を引《ひ》きつける一番簡単《いちばんかんたん》な方法《ほうほう》は、おそらく、何《なに》かを高《たか》く掲《かか》げてそれを見《み》てもらうことでしょう。幼児《ようじ》、ペットショップの猿《さる》、通《とお》りを歩《ある》いている犬《いぬ》でも、その種《しゅ》の刺激《しげき》には注意《ちゅうい》を向《む》けます。——66

Q 26 話《はな》しはじめるときの工夫《くふう》ってある？

この〝質問《しつもん》〟という鍵《かぎ》を使《つか》うことは、聴衆《ちょうしゅう》の心《こころ》を開《ひら》いて入《はい》っていくには最《もっと》も簡単《かんたん》で確実《かくじつ》な方法《ほうほう》です。他《ほか》の方法《ほうほう》でうまくいかない時《とき》は、いつもこの手《て》を使《つか》えばよいのです。——68

Q 27 みんなが「聞《き》いてよかった」と思《おも》ってくれる話《はなし》がしたい

聞《き》き手《て》が個人的《こじんてき》に関心《かんしん》を持《も》っていることに結《むす》びつくような話題《わだい》から話《はな》しはじめる。それが一番《いちばん》よいはじめ方です。これなら確実《かくじつ》に関心《かんしん》を引《ひ》きます。——70

Q 28 話《はな》しはじめると、みんな退屈《たいくつ》そうな顔《かお》をする

前置《まえお》きは短《みじか》いに限《かぎ》る。文章一《ぶんしょうひと》つないし二《ふた》つで十分《じゅうぶん》。場合《ばあい》によってはまったく省略《しょうりゃく》してもかまわない。できるだけ少《すく》ない言葉《ことば》で題材《だいざい》の核心《かくしん》に突入《とつにゅう》するのがよい。——72

Q 29 みんなと違《ちが》う終《お》わり方《かた》がしたい！

まず聴衆《ちょうしゅう》にこれから話《はなし》をするぞと予告《よこく》する。それから話《はなし》をする。最後《さいご》に、これで話《はな》し終《お》わったぞと教《おし》える。（中略《ちゅうりゃく》）締《し》めくくりに適切《てきせつ》な詩《し》を思《おも》いつくことができれば理想的《りそうてき》です。——74

Q 30 いつまでも心《こころ》に残《のこ》るような話《はなし》がしたい！

聞《き》き手《て》によくわからせたいと思《おも》うなら、話《はなし》の要点《ようてん》を絵《え》に描《か》いて、あなたの考《かんが》えが目《め》に見《み》えるようにしましょう。——76

この本《ほん》の読《よ》み方《かた》

Q01
うまく話《はな》せる気《き》がしないよ！
自信《じしん》と勇気《ゆうき》
これが、2本《ほん》の柱《はしら》！
カーネギーのことば
訓練《くんれん》を受《う》け練習《れんしゅう》を重《かさ》ねることで
人前《ひとまえ》で話《はな》す恐怖《きょうふ》が克服《こくふく》され、
自信《じしん》と確《たし》かな勇気《ゆうき》が身《み》につく。
右《みぎ》の脇《わき》から自信《じしん》
左《ひだり》の脇《わき》から勇気《ゆうき》が
わいてくるようにしてるんだ
うん、うまく話《はな》せるなら
どんな方法《ほうほう》でもいいと思《おも》う
012
第1章 話すための心の準備

『カーネギー話《はな》し方入門《かたにゅうもん》』にのっている文章《ぶんしょう》だよ。おとなりの解説《かいせつ》といっしょに読《よ》むと、おとなの文章《ぶんしょう》もわかるようになって、楽《たの》しいね。

カーネギーおじさんの言葉《ことば》を、みんなにあわせて、わかりやすく説明《せつめい》している“こども訳《やく》”だよ。イラストを見《み》ながら読《よ》んでみて。

みんなが困《こま》ったり、心配《しんぱい》なことをあげているよ。「こんなときどうしたらいいの？」と思《おも》ったらさがしてみてね。

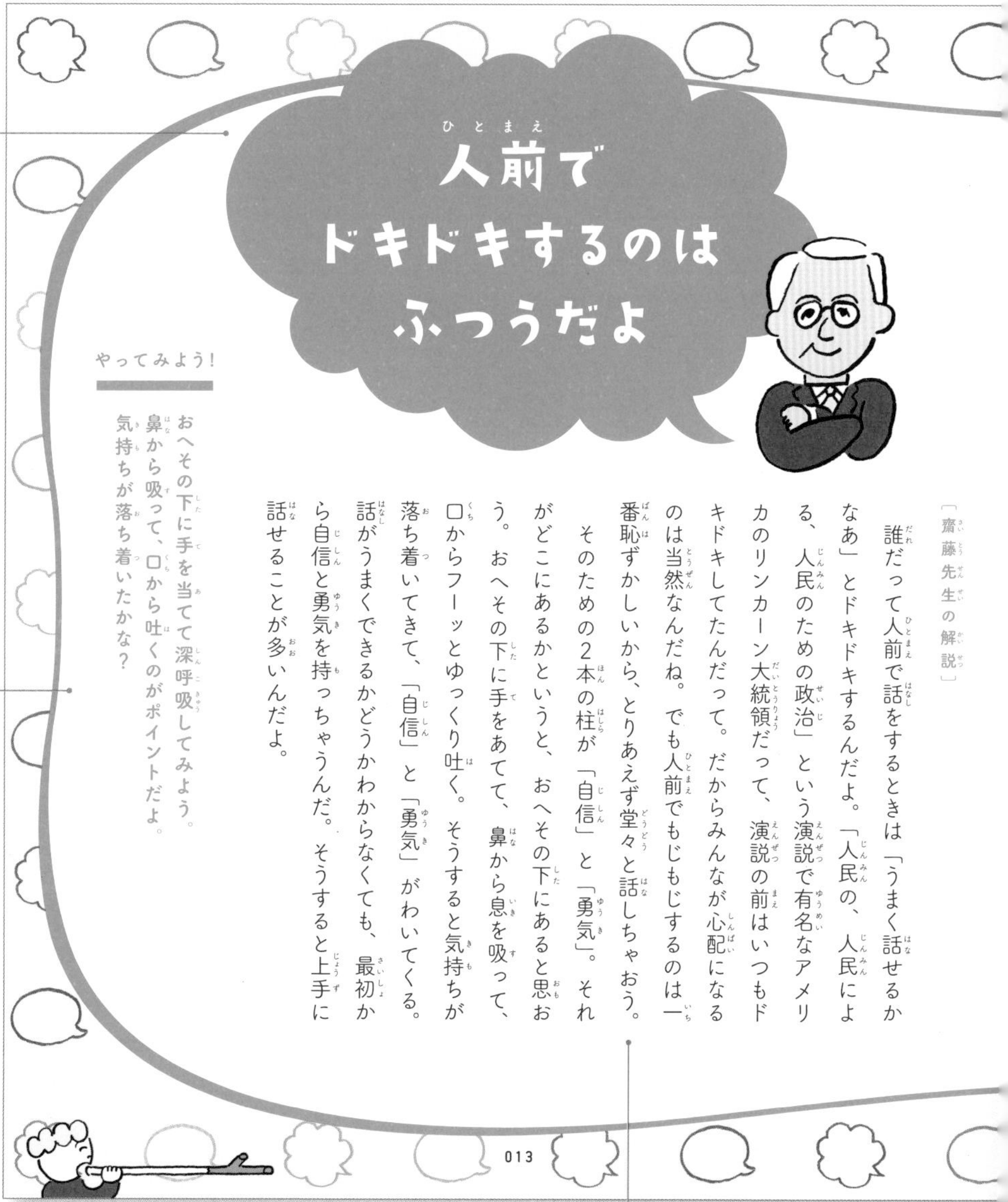

人前《ひとまえ》でドキドキするのはふつうだよ

［齋藤先生《さいとうせんせい》の解説《かいせつ》］

誰《だれ》だって人前《ひとまえ》で話《はなし》をするときは「うまく話《はな》せるかなあ」とドキドキするんだよ。「人民《じんみん》の、人民《じんみん》による、人民《じんみん》のための政治《せいじ》」という演説《えんぜつ》で有名《ゆうめい》なアメリカのリンカーン大統領《だいとうりょう》だって、演説《えんぜつ》の前《まえ》はいつもドキドキしてたんだって。だからみんなが心配《しんぱい》になるのは当然《とうぜん》なんだね。でも人前《ひとまえ》でもじもじするのは一番《いちばん》恥《は》ずかしいから、とりあえず堂々《どうどう》と話《はな》しちゃおう。

そのための2本《ほん》の柱《はしら》が「自信《じしん》」と「勇気《ゆうき》」。それがどこにあるかというと、おへその下《した》にあると思《おも》おう。おへその下《した》に手《て》をあてて、鼻《はな》から息《いき》を吸《す》って、口《くち》からフーッとゆっくり吐《は》く。そうすると気持《きも》ちが落《お》ち着《つ》いてきて、「自信《じしん》」と「勇気《ゆうき》」がわいてくる。話《はなし》がうまくできるかどうかわからなくても、最初《さいしょ》から自信《じしん》と勇気《ゆうき》を持《も》っちゃうんだ。そうすると上手《じょうず》に話《はな》せることが多《おお》いんだよ。

やってみよう！

おへその下《した》に手《て》を当《あ》てて深呼吸《しんこきゅう》してみよう。鼻《はな》から吸《す》って、口《くち》から吐《は》くのがポイントだよ。気持《きも》ちが落《お》ち着《つ》いたかな？

013

カーネギーおじさんが、みんなにもぜひ知《し》っておいてもらいたいことをアドバイスしているよ。

みんなの悩《なや》みにこたえる偉人《いじん》のことばを紹介《しょうかい》するよ。有名《ゆうめい》なことばも多《おお》いので、覚《おぼ》えておくと便利《べんり》だよ。

『カーネギー話《はな》し方入門《かたにゅうもん》』に書《か》いてある知恵《ちえ》を、みんなにもわかるように解説《かいせつ》してあるよ。「よくわからないな」と思《おも》ったときは、おとなの人《ひと》に聞《き》いてみてね。

この本《ほん》に載《の》っている「カーネギーのことば」は、『新装版《しんそうばん》　カーネギー話《はな》し方入門《かたにゅうもん》』（市野安雄《いちのやすお》 訳《やく》、創元社《そうげんしゃ》）から引用《いんよう》しました。

第《だい》 1 章《しょう》

話《はな》すための心《こころ》の準備《じゅんび》

話《はな》す前《まえ》にあがっちゃう人《ひと》っているよね。
人前《ひとまえ》であわてないで話《はな》せるようになるには、
どんな心構《こころがま》えでいたらいいんだろう？

Q 01

うまく話《はな》せる気《き》がしないよ！

自信《じしん》と勇気《ゆうき》
これが、２本《ほん》の柱《はしら》！

カーネギーのことば

訓練《くんれん》を受《う》け練習《れんしゅう》を重《かさ》ねることで
人前《ひとまえ》で話《はな》す恐怖《きょうふ》が克服《こくふく》され、
自信《じしん》と確《たし》かな勇気《ゆうき》が身《み》につく。

右《みぎ》の脇《わき》から自信《じしん》
左《ひだり》の脇《わき》から勇気《ゆうき》が
わいてくるようにしてるんだ
うん、うまく話《はな》せるなら
どんな方法《ほうほう》でもいいと思《おも》う

人前《ひとまえ》でドキドキするのはふつうだよ

［齋藤先生《さいとうせんせい》の解説《かいせつ》］

誰《だれ》だって人前《ひとまえ》で話《はなし》をするときは「うまく話《はな》せるかなあ」とドキドキするんだよ。「人民《じんみん》の、人民《じんみん》による、人民《じんみん》のための政治《せいじ》」という演説《えんぜつ》で有名《ゆうめい》なアメリカのリンカーン大統領《だいとうりょう》だって、演説《えんぜつ》の前《まえ》はいつもドキドキしてたんだって。だからみんなが心配《しんぱい》になるのは当然《とうぜん》なんだね。でも人前《ひとまえ》でもじもじするのは一《いち》番《ばん》恥《は》ずかしいから、とりあえず堂々《どうどう》と話《はな》しちゃおう。

そのための2本《ほん》の柱《はしら》が「自信《じしん》」と「勇気《ゆうき》」。それがどこにあるかというと、おへその下《した》にあると思《おも》おう。おへその下《した》に手《て》をあてて、鼻《はな》から息《いき》を吸《す》って、口《くち》からフーッとゆっくり吐《は》く。そうすると気持《きも》ちが落《お》ち着《つ》いてきて、「自信《じしん》」と「勇気《ゆうき》」がわいてくる。話《はなし》がうまくできるかどうかわからなくても、最初《さいしょ》から自信《じしん》と勇気《ゆうき》を持《も》っちゃうんだ。そうすると上手《じょうず》に話《はな》せることが多《おお》いんだよ。

やってみよう！

おへその下《した》に手《て》を当《あ》てて深呼吸《しんこきゅう》してみよう。鼻《はな》から吸《す》って、口《くち》から吐《は》くのがポイントだよ。気持《きも》ちが落《お》ち着《つ》いたかな？

Q
02
みんなの前《まえ》に出《で》ると頭《あたま》がまっ白《しろ》になっちゃう！

おおぜいの人《ひと》を前《まえ》にする方《ほう》が、アタマが働《はたら》く！気《き》分《ぶん》もいい！

カーネギーのことば

大勢《おおぜい》の人《ひと》を前《まえ》にしたほうが頭《あたま》がよく働《はたら》くはずです。
聴《き》いてくれる人《ひと》がいるということが、
あなたを刺激《しげき》しあなたの気持《きも》ちを高揚《こうよう》させるのです。

緊張《きんちょう》は がんばっている 証拠《しょうこ》

［齋《さい》藤《とう》先《せん》生《せい》の解《かい》説《せつ》］

「緊張《きんちょう》したほうがもっと力《ちから》が出《で》るんだよ」とカーネギーさんは言《い》っています。みんなも本番《ほんばん》になると、なぜかできちゃったことってないかな？　日本《にほん》のことわざにも「火事場《かじば》のばか力《ぢから》」というのがあるんだ。すごく緊張《きんちょう》する場面《ばめん》で、ばかみたいに力《ちから》が出《で》ることをいうんだよ。

だから緊張《きんちょう》したら「頭《あたま》がまっ白《しろ》になっちゃう」と思《おも》うんじゃなくて、「ふだんより調子《ちょうし》がいいぞ」と思《おも》うようにしようね。緊張《きんちょう》して体《からだ》がコチコチになったら、その場《ば》で軽《かる》くジャンプするのもいいよ。

どうしてもあがっちゃう人《ひと》は、仲《なか》のいい子《こ》と1対《たい》1で話《はな》す練習《れんしゅう》をするといいよ。「昨日《きのう》のこと話《はな》すから聞《き》いてね」と話《はな》して、「どうだった？　うまくしゃべれた？」と聞《き》いてみよう。緊張《きんちょう》しないで話《はな》せるようになったら、二人《ふたり》、三人《さんにん》と人数《にんずう》を増《ふ》やしていこう。

やってみよう！

1対《たい》1で話《はな》す練習《れんしゅう》をして、
だんだん話《はな》す人数《にんずう》を増《ふ》やしてみよう。

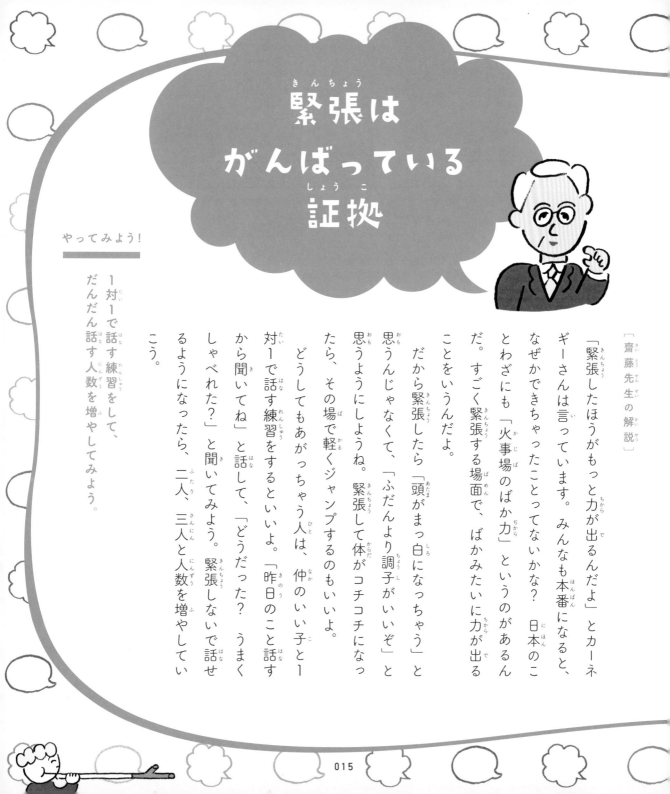

Q
03
うまく話《はな》せるとどうなるの？

話《はな》し上手《じょうず》はサイコー！
心《こころ》からの満足感《まんぞくかん》！

みんなが話《はなし》を聞《き》いてくれたから
楽《たの》しくて　お皿《さら》もピカピカになったよ
楽《たの》しいとピカピカに
なるんだ〜

カーネギーのことば

開演《かいえん》二分前《にふんまえ》には、話《はな》しはじめるより鞭《むち》で打《う》たれたほうがましだと思《おも》うのに、終了《しゅうりょう》二分前《にふんまえ》になると、話《はなし》をやめるくらいならピストルで撃《う》たれたほうがよいと思《おも》うほどです。

話《はなし》を聞《き》いて もらうくらい 楽《たの》しいことはない

［齋藤先生《さいとうせんせい》の解説《かいせつ》］

おおぜいの人《ひと》の前《まえ》に立《た》って話《はなし》をするのは、じつはとても気持《きも》ちがいいことなんだよ。ぼくの大学《だいがく》の授《じゅ》業《ぎょう》でも100人《にん》くらいの前《まえ》に立《た》って話《はなし》の練習《れんしゅう》をしてもらうんだけど、最初《さいしょ》は緊張《きんちょう》していた学生《がくせい》も2回《かい》、3回《かい》とやっていくと、「何《なん》か快感《かいかん》に変《か》わってきました」と言《い》って、何度《なんど》も人前《ひとまえ》に立《た》ちたがる人《ひと》が出《で》てくるんだ。

教《おし》え子《ご》の中《なか》にはその授業《じゅぎょう》を受《う》けて、アナウンサーになり、有名《ゆうめい》になった人《ひと》もいます。人前《ひとまえ》で話《はな》して止《と》まらなくなっちゃうほど、楽《たの》しかったんだって。だからみんなも、「誰《だれ》か前《まえ》で話《はな》してくれる人《ひと》、いない？」と言《い》われたら、とりあえず「はい」と手《て》をあげて話《はな》してみよう。おどおどしないで、はきはきと手短《てみじ》かに話《はな》すのがコツだよ。そしたらそんなにおもしろい話《はなし》ができなくても、みんなが拍手《はくしゅ》してくれる。きっと気持《きも》ちいいよ。

やってみよう！

「何《なに》か意見《いけん》がある人《ひと》？」とか「前《まえ》で話《はな》してくれる人《ひと》？」と言《い》われたら、「はい」と手《て》をあげて出《で》ていってみよう。

Q 04
どうしたら緊張《きんちょう》しないでいられるの？

話《はな》す内容《ないよう》を知《し》り尽《つ》くしておく！準備《じゅんび》してあれば緊張《きんちょう》しない！

話《はな》すポイントを体中《からだじゅう》にメモしたから大丈夫《だいじょうぶ》！
背中《せなか》にも書《か》いてる…！

カーネギーのことば

その話題《わだい》について、十分《じゅうぶん》に考《かんが》え、構想《こうそう》を練《ね》り、内容《ないよう》を熟知《じゅくち》していない限《かぎ》り、人《ひと》を前《まえ》にして心《こころ》の平静《へいせい》を保《たも》つことはできません。

備《そな》えあれば、憂《うれ》いなし。準備《じゅんび》が大切《たいせつ》だよ

やってみよう！

話《はなし》のポイントを3つにしぼり、1つについて15秒《びょう》で話《はな》す練習《れんしゅう》をしてみよう。

［齋藤先生《さいとうせんせい》の解説《かいせつ》］

話《はな》すとき緊張《きんちょう》したり、頭《あたま》がまっ白《しろ》になる人《ひと》は、話《はな》す内容《ないよう》について準備不足《じゅんびぶそく》のこともあるかもしれないね。テレビに出《で》てくる芸人《げいにん》さんはみんな上手《じょうず》に話《はな》すけど、あれは仲間《なかま》うちで何回《なんかい》も話《はな》してウケたものを選《えら》んでいるんだって。何度《なんど》も話《はな》して、練習《れんしゅう》して、準備《じゅんび》ができているから、聞《き》いていておもしろいんだね。だからみんなも人前《ひとまえ》で話《はな》す前《まえ》に、おうちの人《ひと》に話《はな》して練習《れんしゅう》するといいよ。

そのとき気《き》をつけたいのは話《はな》すポイントを3つくらいにしぼること。1つか2つしかポイントがないと、聞《き》いていて物足《ものた》りないし、4つ、5つもあると話《はなし》が長《なが》い感《かん》じがします。3つがちょうどいいんだね。緊張《きんちょう》しちゃう人《ひと》は手《て》に「①〇〇、②××、③△△」と書《か》いておくと、忘《わす》れないよ。1つのポイントにつき15秒《びょう》くらいで話《はな》せるとベストだよ。

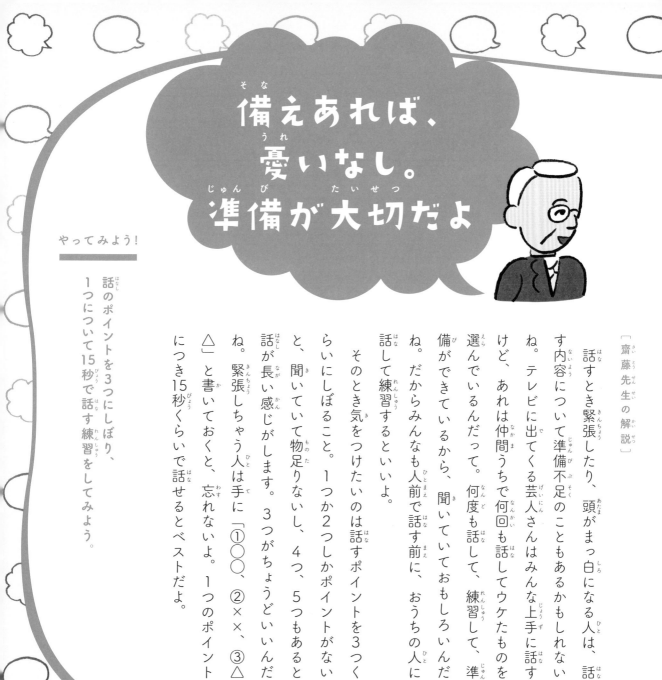

Q
05

自信《じしん》がないよ！

大《おお》きな声《こえ》で、語尾《ごび》もハッキリ！堂々《どうどう》と話《はな》せば、堂々《どうどう》としてくる！

大《おお》きな声《こえ》で練習《れんしゅう》しすぎて声《こえ》がガラガラになっちゃった
八百屋《やおや》さんのおじさんみたいになってる…！

カーネギーのことば

話《はなし》の内容《ないよう》に全身全霊《ぜんしんぜんれい》を傾《かたむ》けてください。それを隅々《すみずみ》まで我《わ》がものにし、それに思《おも》いを込《こ》めてください。そして、決然《けつぜん》と相手《あいて》に話《はな》しかけるのです。そうすれば、あなたがその場《ば》の主人公《しゅじんこう》、また自分自身《じぶんじしん》の主人公《しゅじんこう》になる日《ひ》が近《ちか》いことは、もう間違《まちが》いありません。

勇者《ゆうしゃ》らしくふるまうと勇者《ゆうしゃ》になる

やってみよう！

おへその下《した》に力《ちから》を入《い》れて、お腹《なか》から声《こえ》を出《だ》そう。
顔《かお》はしっかりあげて、一番後《いちばんうし》ろの人《ひと》を見《み》るように。

［齋藤《さいとう》先生《せんせい》の解説《かいせつ》］

自信《じしん》があるから堂々《どうどう》としている人《ひと》もいるけど、自《じ》信《しん》がありそうにふるまうから堂々《どうどう》としている人もいるんだよ。だから自信《じしん》がないときは自信《じしん》があるふりをしているといいんだね。

自信《じしん》はどこにあらわれるのかというと、声《こえ》なんだ。声《こえ》が小《ちい》さいと自信《じしん》がなさそう。でも堂々《どうどう》と大《おお》きな声《こえ》で、語尾《ごび》もハキハキ言《い》ったら、すごく自信《じしん》ありそうに聞《き》こえます。これはやり方次第《かたしだい》。

声《こえ》をしっかり出《だ》すには、おへその下《した》にぐっと力《ちから》を入《い》れて、お腹《なか》から出《だ》すようにしてみよう。クラスの一番後《いちばんうし》ろの人《ひと》に声《こえ》を届《とど》かせる感《かん》じでやってみるといいよ。そのとき目線《めせん》が下《した》を向《む》いていたり、キョロキョロしていると、自信《じしん》がない感《かん》じになるので、一《いち》番後《ばんうし》ろにいる人《ひと》をピッと見《み》るといいよ。「後《うし》ろの人《ひと》、聞《き》こえますか？」くらい言《い》えると、すごく自信《じしん》ありげに見《み》えるよね。

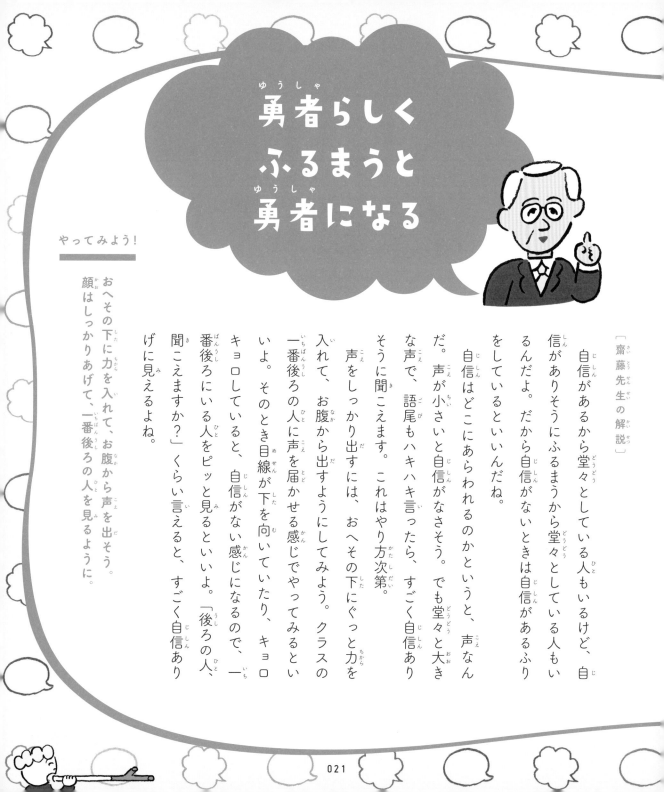

Q
06
みんなの前《まえ》に立《た》つのがこわい！

一《いち》に練習《れんしゅう》！
二《に》に練習《れんしゅう》！
少《すこ》し知《し》っていることを
15秒《びょう》で話《はな》す練習《れんしゅう》を
してみよう！
成功《せいこう》すれば、
恐怖心《きょうふしん》はなくなるよ！

カーネギーのことば

恐怖心《きょうふしん》は自信《じしん》の欠如《けつじょ》が原因《げんいん》であり、自信《じしん》の欠如《けつじょ》は自分《じぶん》の実力《じつりょく》を知《し》らないことから来《く》る。そして実力《じつりょく》を知《し》らないのは、経験《けいけん》不足《ぶそく》の結果《けっか》である。つまり、成功《せいこう》した経験《けいけん》を積《つ》めば、恐怖心《きょうふしん》は消《き》えるということである。

回転《かいてん》寿司《ずし》はお寿司《すし》自体《じたい》が回《まわ》っているのではなく回転《かいてん》するレーンにお寿司《すし》が乗《の》っています。次《つぎ》に、うにとイクラは…
お寿司《すし》の話《はなし》ばっかり…！

泳《およ》げるようになるには水《みず》に飛《と》び込《こ》むのが一番《いちばん》

やってみよう!

今日《きょう》学校《がっこう》で習《なら》ったことを15秒《びょう》でおうちの人《ひと》に説明《せつめい》してみよう。

〔齋《さい》藤《とう》先《せん》生《せい》の解《かい》説《せつ》〕

話《はな》すのがこわい人《ひと》は、練習《れんしゅう》すればいいんだよ。どんなことも「練習《れんしゅう》」するのが上達《じょうたつ》の鍵《かぎ》。ではどうやって話《はな》す練習《れんしゅう》をするのかというと、みんなの家《いえ》にストップウォッチってあるかな? スマートフォンのストップウォッチ機能《きのう》を使《つか》ってもいいよ。

まずはストップウォッチを押《お》して15秒《びょう》で伝《つた》える練習《れんしゅう》をするんだ。たとえば「光合成《こうごうせい》というのは植物《しょくぶつ》の葉《は》っぱが二酸化炭素《にさんかたんそ》を吸《す》って、酸素《さんそ》を出《だ》すとき養分《ようぶん》ができる反応《はんのう》です」というように学校《がっこう》で習《なら》ったことを15秒《びょう》で言《い》う。15秒《びょう》しかないから「えーと」とか「マジやばくって」とか、よけいな話《はなし》をしている時間《じかん》はないよね。そうやって15秒《びょう》でテキパキ中身《なかみ》がある話《はなし》ができるように練習《れんしゅう》すると、じつは頭《あたま》もよくなっていくんだ。人前《ひとまえ》で話《はな》すのもこわくなっているよ。

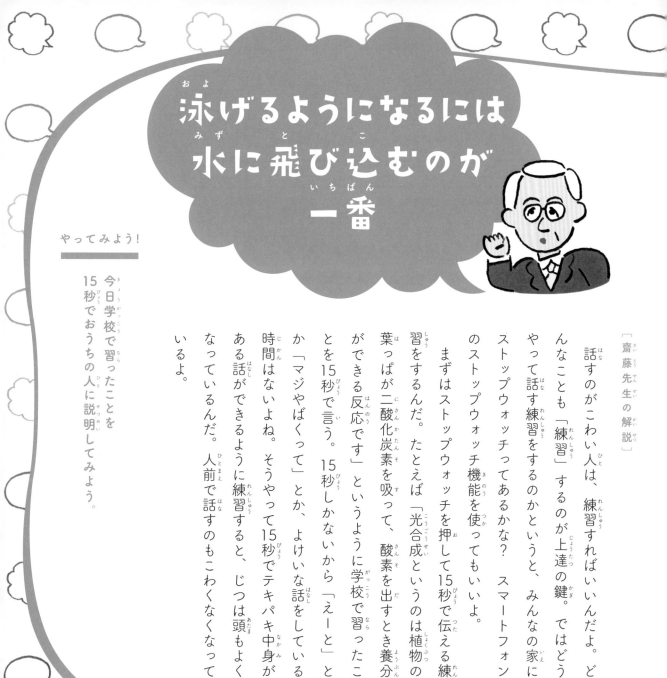

Q 07

かっこうよく、すらすら話《はな》せないんだけど

島谷《しまたに》さんの作《つく》るニンジンはとても甘《あま》く、チョコレートより甘《あま》いと誰《だれ》かが言《い》ったとか言《い》わないとか
すごく甘《あま》いんだな〜

自分《じぶん》の思《おも》い、自分《じぶん》の考《かんが》えを、伝《つた》えればいい！話《はな》さずにはいられないことを話《はな》す！

カーネギーのことば

話《はな》し手《て》が、頭《あたま》にも心《こころ》にも本物《ほんもの》の伝《つた》える内容《ないよう》、話《はな》さずにいられないものを持《も》っている時《とき》、そのスピーチは成功《せいこう》したも同《おな》じである。十分準備《じゅうぶんじゅんび》されたスピーチは、それだけで九割方完了《きゅうわりがたかんりょう》したと言《い》える。

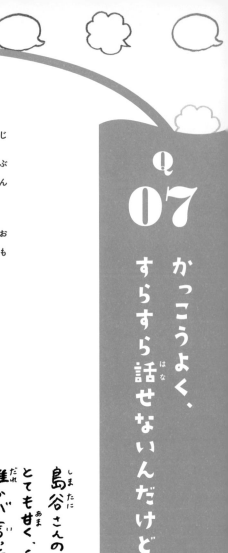

火山《かざん》の噴火《ふんか》のように噴《ふ》き出《だ》す思《おも》いを話《はな》せばいい

やってみよう！

自分《じぶん》の好《す》きなものを5つから10個《こ》くらい書《か》き出《だ》してみよう。そして好《す》きなものについて、友《とも》だちに話《はな》してみよう。

［齋《さい》藤《とう》先《せん》生《せい》の解《かい》説《せつ》］

上手《じょうず》に、かっこうよく、すらすら話《はな》さなきゃいけないと思《おも》っている人《ひと》がいるかもしれないけど、そうでもないんだ。本当《ほんとう》に人《ひと》の心《こころ》を動《うご》かすのは、自分《じぶん》の思《おも》いをしっかり伝《つた》えられる人《ひと》なんだよ。ぼくの大学《だいがく》でも「人前《ひとまえ》でちゃんと話《はな》せない」と悩《なや》んでいる学生《がくせい》がいました。その人《ひと》はラグビー部《ぶ》だったので、「ラグビーの話《はなし》をして」と言《い》ったら、目《め》を輝《かがや》かせて話《はな》してくれて、それがとてもおもしろかったんだ。

だからみんなも自分《じぶん》が好《す》きなものについて話《はな》してみよう。鉄道《てつどう》が好《す》きだったら「すごい、すご過《す》ぎるよ、鉄道《てつどう》！」というように熱《あつ》く話《はな》すと、みんな聞《き》いてくれるよ。この熱《ねつ》が人《ひと》の心《こころ》を動《うご》かすんだ。つまらない話《はなし》は話《はな》している人《ひと》に気持《きも》ちが入《はい》っていないから。自分《じぶん》が熱《ねつ》を持《も》って話《はな》せる話題《わだい》を考《かんが》えてみるといいよ。

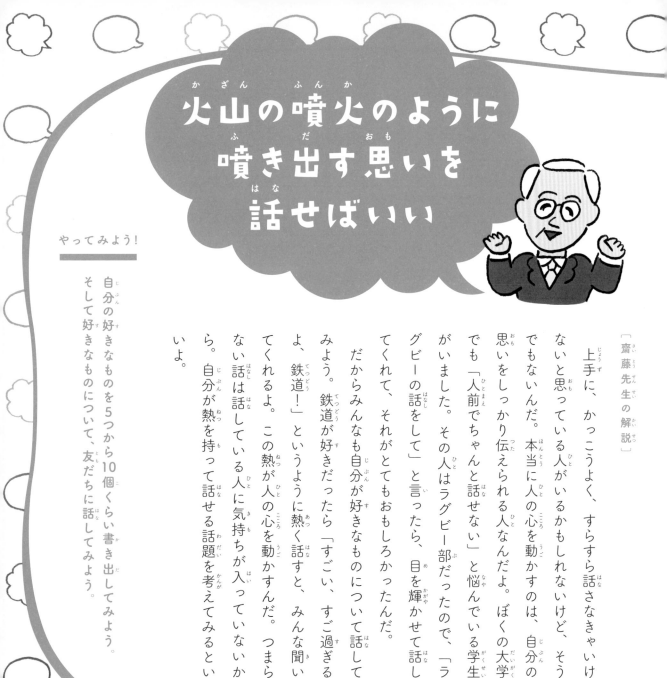

COLUMN《コラム》

カーネギーおじさんって、どんな人《ひと》？

この本《ほん》のもととなった『カーネギー話《はな》し方入門《かたにゅうもん》』は、デール・カーネギーさんという人《ひと》が書《か》きました。カーネギーさんは今《いま》から130年《ねん》くらい前《まえ》にアメリカで生《う》まれた人《ひと》です。学校《がっこう》の先生《せんせい》をめざしていたんだけど、うまくいかず、自動車《じどうしゃ》の販売《はんばい》とかいろんな仕事《しごと》をやったんだって。でももともと話《はな》すのが上手《じょうず》で、大学《だいがく》では演説《えんぜつ》の大会《たいかい》で優勝《ゆうしょう》したこともあったほどなんだ。

あるとき夜間《やかん》の学校《がっこう》で「話《はな》し方講座《かたこうざ》」を担当《たんとう》したら、とても人気《にんき》になったんだ。そのときの授業《じゅぎょう》の内容《ないよう》を本《ほん》にしたのが『カーネギー話《はな》し方入門《かたにゅうもん》』です。以来《いらい》、カーネギーさんは、話《はな》し方《かた》や人間関係《にんげんかんけい》のつくり方《かた》を教《おし》える先生《せんせい》として活躍《かつやく》します。カーネギーさんは自分《じぶん》の経験《けいけん》をたくさんの本《ほん》にまとめたんだけど、とくに有名《ゆうめい》なのが、『人《ひと》を動《うご》かす』という本《ほん》です。世界中《せかいじゅう》でベストセラーになり、今《いま》も売《う》れ続《つづ》けている世界的《せかいてき》な名著《めいちょ》です。

第《だい》 2 章《しょう》

話《はな》す内容《ないよう》はどうやって考《かんが》えるの

話《はなし》をする前《まえ》に、どんな準備《じゅんび》したらいいんだろう。
みんなに聞《き》いてもらえるような話《はなし》は
どんなふうにつくったらいいのか、考《かんが》えてみよう。

Q

08

話《はなし》はどうやって準備《じゅんび》すればいい？

メモをつくる！考《かんが》えたことを書《か》きとめておく！

カーネギーのことば

本当《ほんとう》の準備《じゅんび》とは、自分自身《じぶんじしん》の中《なか》から何《なに》かを掘《ほ》り出《だ》すこと、自分自身《じぶんじしん》の思想《しそう》を集《あつ》めて組《く》み立《た》てること、自分自身《じぶんじしん》の信念《しんねん》を大切《たいせつ》に育《そだ》てることだ。

この木《き》が山田先生《やまだせんせい》に似《に》てる…と
そう言《い》われると似《に》てるなぁ

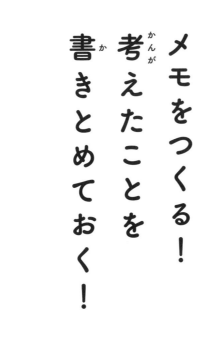

話《はなし》のネタ帳《ちょう》をつくってみよう

やってみよう！

ネタ帳《ちょう》をつくり、「おもしろいな」と思《おも》ったことや感《かん》じたことをメモにして残《のこ》しておこう。

［齋《さい》藤《とう》先《せん》生《せい》の解《かい》説《せつ》］

カーネギーさんによると、話《はなし》がおもしろい人《ひと》はいつもノートをもち歩《ある》いて、気《き》づいたことをメモしているんだって。ぼくも手帳《てちょう》をいつももっていて、本《ほん》やテレビで「これ、おもしろいな」と思《おも》ったり、人《ひと》と話《はな》して興味《きょうみ》をもったことは、手帳《てちょう》にメモしています。みんなもノートやスマートフォンのメモ機能《きのう》を使《つか》って、気《き》づいたことをメモするといいよ。メモする習慣《しゅうかん》が身《み》につくと、気《き》づきも増《ふ》えるよ。

メモって、虫《むし》をつかまえる網《あみ》と同《おな》じ。つかまえないとどんどん逃《に》げちゃう、つまり忘《わす》れちゃう。だけど、網《あみ》でつかまえて、文字《もじ》にして残《のこ》しておけば、ちゃんと記憶《きおく》に残《のこ》るからね。さらにそれを身近《みぢか》な人《ひと》に2回《かい》くらい話《はな》すと忘《わす》れないよ。話《はなし》のネタ帳《ちょう》をもっておくと、どんどんストックがたまっていって、いざというとき話題《わだい》が選《えら》べるから便利《べんり》だね。

Q
09
準備《じゅんび》が足《た》りないんじゃないかって、心配《しんぱい》なんだ

話《はな》したいことを決《き》めておいて、いつもそれを考《かんが》える！

カーネギーのことば

題材《だいざい》は前《まえ》もって決《き》めておくこと。
そうすれば空《あ》き時間《じかん》に考《かんが》えをめぐらすことができます。
七日間熟考《なのかかんじゅっこう》し、七晩《ななばん》その夢《ゆめ》を見《み》るのです。

二度見《にどみ》についていつも考《かんが》えてるんだ！
バッ
バッ
いつも考《かんが》えてるだけあってきれいな二度見《にどみ》！

頭《あたま》の中《なか》を磁石《じしゃく》にすれば、必要《ひつよう》なものが集《あつ》まってくる

［齋《さい》藤《とう》先《せん》生《せい》の解《かい》説《せつ》］

何《なに》かついて話《はな》さなければならないときは、いつもそのテーマについて考《かんが》えるんだ。そうするとヒントがどんどん集《あつ》まってくるよ。ぼくは「呼吸《こきゅう》」というテーマで研究《けんきゅう》していたことがあるんだけど、何《なに》を見《み》ても呼吸《こきゅう》に注意《ちゅうい》が向《む》くようになったんだ。テレビを見《み》ていても、その人《ひと》の呼吸《こきゅう》に目《め》が行《い》ったり、本《ほん》を読《よ》んでも「息《いき》」や「呼吸《こきゅう》」という文字《もじ》が向《む》こうから飛《と》び込《こ》んでくる。まるで頭《あたま》が磁石《じしゃく》になったみたいに、いろんな情報《じょうほう》が集《あつ》まってきたんだ。みんなもいつもテーマについて考《かんが》えて、頭《あたま》を磁石《じしゃく》にするといいよ。集《あつ》めた情報《じょうほう》は整理《せいり》して作文《さくぶん》をつくると、話《はな》せるようになるよ。上手《じょうず》に書《か》ける人《ひと》は、じつは上手《じょうず》に話《はな》せる人《ひと》です。「書《か》く」と「話《はな》す」はつながっているんだね。作文《さくぶん》にすれば、それをやわらかく話《はな》せばいいんだから、もう話《はな》せているのと同《おな》じだよ。

やってみよう！

「平和《へいわ》」というテーマについて1週間《しゅうかん》考《かんが》え、思《おも》ったことを400字《じ》の作文《さくぶん》にしてみよう。

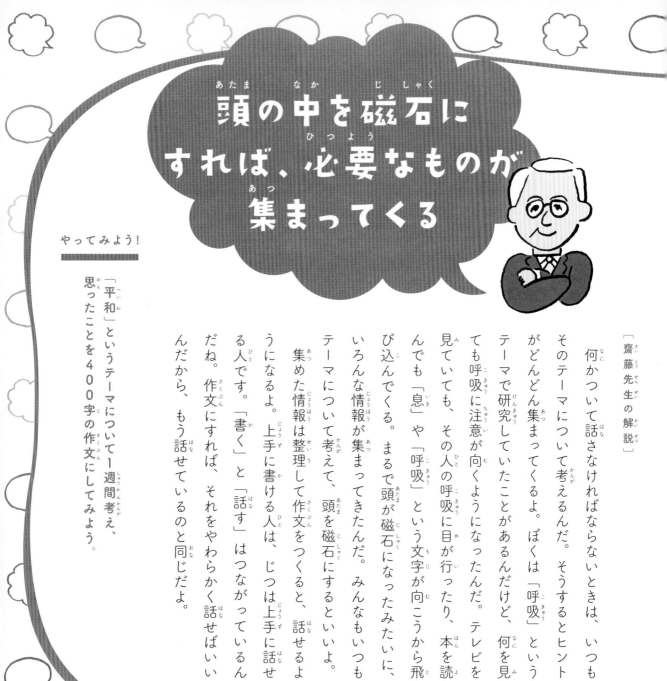

Q

10

堂々《どうどう》と話《はな》すには どんな準備《じゅんび》をしたらいい？

話《はな》すよりも多《おお》くのことを 調《しら》べておく！ それが余力《よりょく》、余裕《よゆう》になる！

カーネギーのことば

余力《よりょく》を蓄《たくわ》えるためには、実際《じっさい》に使用《しよう》できるよりはるかに多《おお》くの知識《ちしき》を仕入《しい》れ、情報《じょうほう》を十分《じゅうぶん》蓄積《ちくせき》することだ。

鬼《おに》、トラ柄《がら》パンツ、なぜ？で検索《けんさく》…っと
たしかにみんなトラ柄《がら》はいてますすね

百集《ひゃくあつ》めて九十《きゅうじゅう》を捨《す》てる心意気《こころいき》が大切《たいせつ》なんだ

［齋藤《さいとう》先生《せんせい》の解説《かいせつ》］

話《はな》す内容《ないよう》が薄《うす》っぺらで、すぐ終《お》わっちゃう人《ひと》っているよね。そういうのはちょっと恥《は》ずかしい気《き》がします。だからみんなが話《はな》すときは、そのことについて「あれも話《はな》したい」「これも話《はな》したい」と大盛《おおも》りに準備《じゅんび》しておくと、堂々《どうどう》とした態度《たいど》で余裕《よゆう》をもって話《はな》せるよ。たとえばメジャーリーガーの大谷翔平《おおたにしょうへい》選手《せんしゅ》に「どうやったらうまくホームランが打《う》てますか？」って聞《き》いたら、きっとあふれるほどしゃべれると思《おも》うんだ。それくらい十分《じゅうぶん》に話《はな》すことをもっていると堂々《どうどう》としていられるよね。

今《いま》はインターネットでいろいろ調《しら》べられる時代《じだい》だから、キーワードを打《う》ち込《こ》んで、話《はな》すテーマについて調《しら》べておこう。キーワード3つくらい打《う》ち込《こ》めば、だいたいのことは調《しら》べられる。これからの世《よ》の中《なか》は、検索《けんさく》して調《しら》べておくことが常識《じょうしき》になっていくよ。

やってみよう！

話《はな》すテーマについてインターネットで調《しら》べられるだけ、調《しら》べてみよう。

Q 11

どうしたらわかりやすい話《はなし》になるの？

スピーチは航海《こうかい》、海図《かいず》が必要《ひつよう》！組《く》み立《た》てを工夫《くふう》する！

一度《いちど》このタテガミを全部《ぜんぶ》切《き》って
ぼくがどうなったか
今日《きょう》はそのお話《はなし》をしましょう
気《き》になる話《はなし》の
組《く》み立《た》てだ…

カーネギーのことば

スピーチは航海《こうかい》であり、海図《かいず》が欠《か》かせない。
行《ゆ》き先《さき》もわからず出港《しゅっこう》すれば、どこにも行《い》き着《つ》けないのが普通《ふつう》だろう。

組《く》み立《た》てを考《かんが》えておけば、わかりやすく話《はな》せるよ

［齋藤《さいとう》先生《せんせい》の解説《かいせつ》］

話《はなし》には組《く》み立《た》てが大事《だいじ》なんだ。たとえば物語《ものがたり》や4コマ漫画《まんが》はたいてい「起承転結《きしょうてんけつ》」という組《く》み立《た》てになっているんだよ。「起《き》」は物語《ものがたり》の最初《さいしょ》。「承《しょう》」で話《はなし》が続《つづ》いていって、「転《てん》」は「ところが、ジャジャーン！」みたいに意外《いがい》なことが起《お》き、「結《けつ》」で物語《ものがたり》が終《お》わる。「転《てん》」のところをポイントにするのがコツだよ。「起承転結《きしょうてんけつ》」で順序立《じゅんじょだ》てて話《はな》せるとわかりやすいよね。

地図《ちず》みたいなもんだね。ここに行《い》こうと目的地《もくてきち》を定《さだ》めて、そこに行《い》くにはどうしたらいいか、経路《けいろ》も決《き》めておく。でもそんなふうに組《く》み立《た》てるのがむずかしいときは、最初《さいしょ》に結論《けつろん》を言《い》っちゃうという方法《ほうほう》があります。一番《いちばん》言《い》いたいことを最初《さいしょ》に言《い》ってしまえば、みんなも「こういう話《はなし》なんだ」とわかりやすいし、自分《じぶん》も落《お》ち着《つ》いて話《はな》せるよ。

やってみよう！

「モテたいと思《おも》いますか？」→「モテるためにはこうするのがふつうです」→「ところがそうじゃないんです」→「まとめ（結論《けつろん》）」のように「起承転結《きしょうてんけつ》」を意識《いしき》しながら、話《はな》す内容《ないよう》を考《かんが》えてみよう。

Q12

頭《あたま》のいい人《ひと》の話《はなし》だったね、と言《い》われたい

賛《さん》成《せい》、反《はん》対《たい》の両《りょう》方《ほう》の意《い》見《けん》を整《せい》理《り》しておく！

カーネギーのことば

その題材《だいざい》について、両面《りょうめん》の事実《じじつ》をすべて集《あつ》め、整理《せいり》し、検討《けんとう》し、咀嚼《そしゃく》するべきである。それらが事実《じじつ》であることを証明《しょうめい》し、そこから必然的《ひつぜんてき》に導《みちび》き出《だ》される結論《けつろん》を自分《じぶん》の頭《あたま》で考《かんが》え出《だ》すこと。

私《わたし》はダンゴムシが丸《まる》くなることに賛成《さんせい》でもありますが反対《はんたい》でもあります！
どういうことだろうね
うん…

必《かなら》ず反対側《はんたいがわ》から見《み》た意見《いけん》も入《い》れて話《はな》してみよう

やってみよう！

「落書《らくが》きに賛成《さんせい》」と「反対《はんたい》」、両方《りょうほう》の立場《たちば》で意見《いけん》を考《かんが》えてみよう。それから自分《じぶん》の意見《いけん》を言《い》ってみよう。

〔齋藤先生《さいとうせんせい》の解説《かいせつ》〕

どうせなら、話《はな》しているとき、「頭《あたま》のいい人《ひと》だな」と思《おも》われたいよね。そうなるためには、賛成《さんせい》と反対《はんたい》と両方《りょうほう》の意見《いけん》をおさえておくといいんだよ。落書《らくが》きについてどう思《おも》うかという話《はなし》だったら、「落書《らくが》きに反対《はんたい》」と「落書《らくが》きに賛成《さんせい》」の両方《りょうほう》の意見《いけん》を踏《ふ》まえた上《うえ》で、自分《じぶん》の意見《いけん》を言《い》う。こういうのが頭《あたま》がいい人《ひと》っていうんだ。なぜなら物事《ものごと》には必《かなら》ず賛成《さんせい》と反《はん》対《たい》、両方《りょうほう》の意見《いけん》があるからなんだ。ひとつの側《がわ》からしか見《み》られないと、かたよってきちゃうんだよ。

たとえばゾウを後《うし》ろからだけ見《み》ると、鼻《はな》が長《なが》い動《どう》物《ぶつ》だってわからないよね。だけど反対側《はんたいがわ》に回《まわ》って、前《まえ》から見《み》たら「うわっ、鼻《はな》が長《なが》かった」とわかるんです。だからもうひとつの見方《みかた》を必《かなら》ず入《い》れて話《はな》してみると、頭《あたま》がいい話《はな》し方《かた》になるよ。

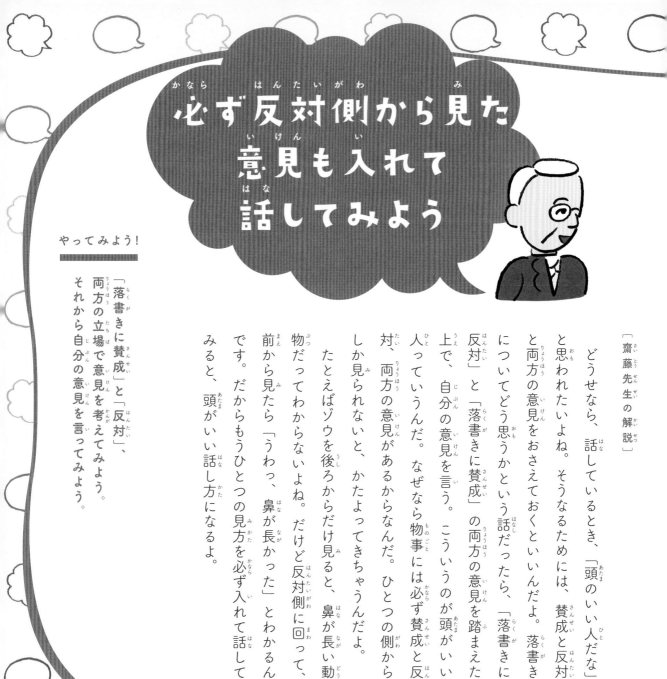

COLUMN《コラム》

『カーネギー話《はな》し方入門《かたにゅうもん》』って、どんな本《ほん》？

カーネギーさんが書《か》いた『カーネギー話《はな》し方入門《かたにゅうもん》』は、おもに働《はたら》いている人《ひと》に向《む》けて書《か》いた本《ほん》です。どうやったらお客《きゃく》さんを引《ひ》きつけられるか、どうやったら商品《しょうひん》を買《か》ってもらえるか、「トーク術《じゅつ》」を磨《みが》く本《ほん》、といってもいいでしょう。カーネギーさん自身《じしん》、車《くるま》や教材《きょうざい》などいろいろなものを売《う》った経験《けいけん》があるので、具体的《ぐたいてき》なアドバイスがたくさんのっているんだ。

話《はな》すときの心構《こころがま》えや話題《わだい》の集《あつ》め方《かた》、人《ひと》に好《す》かれる話《はな》し方《かた》などとても詳《くわ》しく書《か》かれていて、働《はたら》いている人《ひと》だけじゃなくて、誰《だれ》が読《よ》んでも参考《さんこう》になる本《ほん》なんだ。

この本《ほん》には演説《えんぜつ》が上手《じょうず》だったといわれている政治家《せいじか》や有《ゆう》名人《めいじん》の話《はな》し方《かた》のコツや名言《めいげん》も書《か》かれていて、そういうのを読《よ》むだけでも「なるほど」と参考《さんこう》になるよ。みんなも大《おお》きくなったらぜひカーネギーさんが書《か》いた『カーネギー話《はな》し方入門《かたにゅうもん》』を読《よ》んでみてね。

第《だい》 **3** 章《しょう》

実際《じっさい》に話《はな》すときに注意《ちゅうい》すること

みんなにちゃんと聞《き》いてもらえるよう話《はな》すには、
どんな話《はな》し方《かた》をしたらいいんだろう。
実際《じっさい》に話《はな》すときの注意《ちゅうい》について考《かんが》えよう。

Q 13

メモをもたないと心配《しんぱい》で……

メモを見《み》ながら話《はな》さない！生《い》き生《い》きしたライブ感《かん》が大事《だいじ》！

ほら
もしものときのメモ
メモのレベルじゃ
ないなっ

カーネギーのことば

メモというものは、スピーチに対《たい》する話《はな》し相手《あいて》自身《じしん》の興味《きょうみ》を半減《はんげん》させる。阻害《そがい》すると言《い》ってもよい。読《よ》み上《あ》げるなどもってのほかだ。

メモを読《よ》むと、空気《くうき》が冷《さ》めて退屈《たいくつ》になるよ

［齋藤《さいとう》先生《せんせい》の解説《かいせつ》］

人前《ひとまえ》で話《はな》すとき、何《なに》を話《はな》すか忘《わす》れないよう、メモを用意《ようい》しようとする人《ひと》がいると思《おも》うんだ。とくに自信《じしん》がない人《ひと》は、書《か》いたものをそのまま読《よ》もうとする。でも用意《ようい》した原稿《げんこう》を読《よ》み上《あ》げるだけだと、どうなると思《おも》う？　みんな眠《ねむ》くならないかな？　大切《たいせつ》なのは、生《い》き生《い》きした感《かん》じ、盛《も》り上《あ》がっているライブ感《かん》なんだ。

聞《き》いている人《ひと》とちゃんと目《め》を合《あ》わせて、対話《たいわ》しているみたいに話《はな》しかける。そのライブ感《かん》を出《だ》すには、下《した》を向《む》いていちゃダメ。おおぜいいたら、まず右《みぎ》の人《ひと》を見《み》る、それから左《ひだり》の人《ひと》、奥《おく》の人《ひと》、真《ま》ん中《なか》の人《ひと》という感《かん》じで順番《じゅんばん》に見《み》ていくといいよ。数字《すうじ》とか細《こま》かいことで忘《わす》れそうなことがあったら、メモに書《か》いておいてもいいけど、じっと見《み》ちゃわないように。少《すこ》しだけ手《て》に書《か》いておいて、チラっと見《み》るくらいならいいかな。

やってみよう！

メモを用意《ようい》しても、なるべく見《み》ないで、聞《き》いている人《ひと》の目《め》を見《み》て話《はな》す練習《れんしゅう》をしよう。

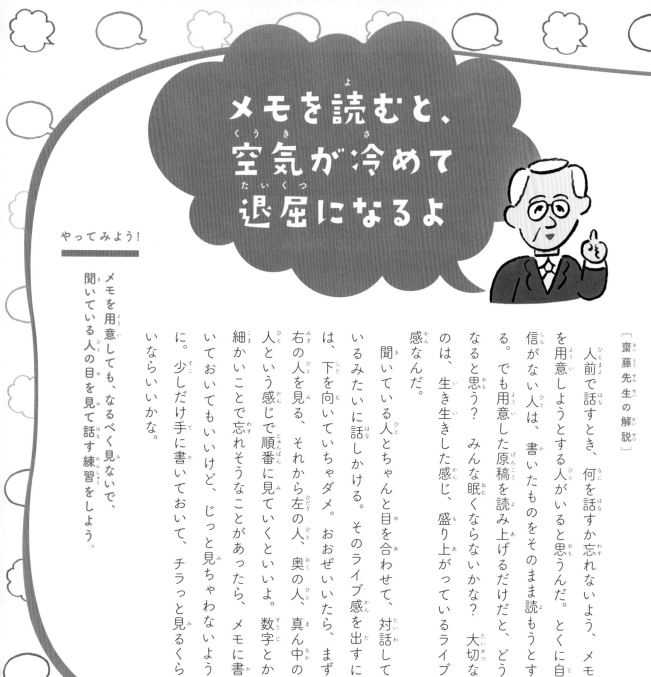

Q
14
話《はなし》をとぎれとぎれにしないで、ちゃんと話《はな》せるかな

話《はなし》の流《なが》れを覚《おぼ》える！
つながりのある話《はなし》にする！

ぼくはハチミツが好《す》きです
どうしてもと言《い》われれば踊《おど》りますが
妹《いもうと》はクワガタを飼《か》い始《はじ》めました
話《はなし》の流《なが》れがぐちゃぐちゃだ…！

カーネギーのことば

スピーチの要点《ようてん》を覚《おぼ》えるには、それぞれを、一《ひと》つの要点《ようてん》が必然的《ひつぜんてき》に次《つぎ》へと導《みちび》くような論理的《ろんりてき》な順序《じゅんじょ》に並《なら》べること。

丸暗記《まるあんき》はダメ。話《はなし》の流《なが》れを覚《おぼ》えておこう

［齋《さい》藤《とう》先《せん》生《せい》の解《かい》説《せつ》］

メモを見《み》てはいけないからと、丸暗記《まるあんき》する人《ひと》がいます。それもライブ感《かん》がなくなってつまらない感《かん》じになるよ。でもそうするとメモなしで、ちゃんと話《はなし》ができるか不安《ふあん》になるよね。話《はなし》には流《なが》れが大切《たいせつ》なんだ。まずは話《はなし》の流《なが》れを覚《おぼ》えよう。

流《なが》れがある話《はなし》にするには、コツがあるよ。ぜったい言《い》ってはいけない言葉《ことば》は「あとー」。「あとー」で話《はなし》をつなげようとすると、とても幼《おさな》く聞《き》こえます。「この人《ひと》、話《はなし》のつながりを考《かんが》えないで、思《おも》いつきでしゃべってるな」と思《おも》われちゃう。

そういうときは「あとー」のかわりに「○○といえば」でつなげるんだ。「といえば」は仲間同士《なかまどうし》で話《はな》しているときも使《つか》えるよ。誰《だれ》かが話《はな》して、そこから話題《わだい》を変《か》えたいとき、「○○といえば」と言《い》えば、人《ひと》の話《はなし》を切《き》らないで話題《わだい》を続《つづ》ける感《かん》じになるよ。

やってみよう！

3人《にん》1組《くみ》になって、誰《だれ》かが昨日《きのう》あった話《はなし》をしよう。
15秒話《びょうはな》したら、その人《ひと》の話《はなし》に出《で》てきた言葉《ことば》を使《つか》って、次《つぎ》の人《ひと》が「〜といえば」と話《はなし》を続《つづ》けよう。
3人《にん》1組《くみ》で順番《じゅんばん》に話《はな》していって、何周話《なんしゅうはなし》が続《つづ》くかな。

Q
15
ちゃんと心《こころ》に届《とど》くように話《はな》したい

手渡《てわた》しするように話《はなし》を届《とど》ける！コミュニケーションの意識《いしき》！

カーネギーのことば

上手《じょうず》に話《はな》すためには、このコミュニケーションへの意識《いしき》こそ何《なに》よりも大切《たいせつ》なのです。聴衆《ちょうしゅう》は、話《はな》し手《て》の頭《あたま》と心《こころ》から自分《じぶん》たちの頭《あたま》と心《こころ》に一《ひと》つの内容《ないよう》が直接《ちょくせつ》伝《つた》えられていると、肌《はだ》で感《かん》じる必要《ひつよう》があるのです。

その時《とき》、私《わたし》は焦《こ》げすぎたカレーパンを…
目《め》を見《み》て話《はな》すことを意識《いしき》しすぎてすごくにらみがきいてる…！

話《はなし》を届《とど》けるときは、直接相手《ちょくせつあいて》に手渡《てわた》すように

〔齋藤先生《さいとうせんせい》の解説《かいせつ》〕

話《はなし》はただ言《い》いっぱなしにするんじゃなくて、手渡《てわた》しするように届《とど》けなきゃいけないんだ。カーネギーさんはデパートで買《か》った品物《しなもの》を届《とど》けるように、と言《い》っているよ。そのためには相手《あいて》の目《め》をちゃんと見《み》ることが大切《たいせつ》だね。みんながボールを投《な》げるとき、どうするかな？　全然見《ぜんぜんみ》てない人《ひと》に投《な》げたら、ボールがきた人《ひと》はびっくりするよね。言葉《ことば》もボールと同《おな》じなんだ。「アイコンタクト」というんだけど、ちゃんと相手《あいて》の人《ひと》の目《め》を見《み》て、話《はなし》をする。

　そのとき自分《じぶん》の真《ま》ん前《まえ》の人《ひと》だけじゃなくて、右《みぎ》の人《ひと》、左《ひだり》の人《ひと》、奥《おく》の人《ひと》とだいたい一人《ひとり》2秒《びょう》くらいで順番《じゅんばん》にアイコンタクトをしながら話《はな》していこう。糸電話《いとでんわ》と似《に》ているね。全員《ぜんいん》の人《ひと》と糸電話《いとでんわ》でつながれば、「つながっているよ」という気持《きも》ちが通《つう》じ合《あ》って、話《はなし》が相手《あいて》に届《とど》くんだよ。

やってみよう！

友《とも》だち10人《にん》くらいを前《まえ》に話《はな》してみよう。聞《き》き手《て》は全員《ぜんいん》が手《て》をあげていて、話《はな》し手《て》と目《め》が合《あ》ったと思《おも》った人《ひと》から手《て》をおろしていこう。全員《ぜんいん》の手《て》がおりるまで続《つづ》けてみよう。

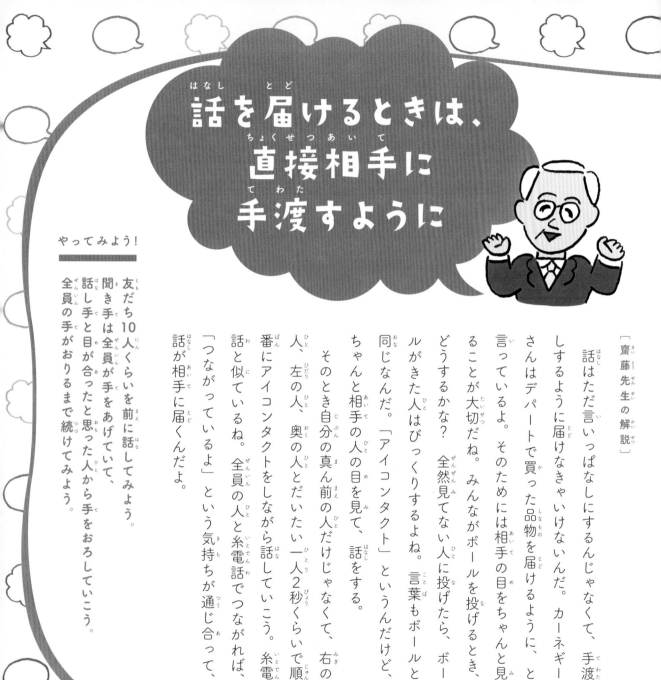

Q 16

上手《じょうず》な話《はな》し方《かた》ってある？

人間《にんげん》らしく
自然《しぜん》に話《はな》す！

サケにハチミツをぬったことあるけどあれはダメ
すごくリラックスして話《はな》して よだれまで出《で》てる…

カーネギーのことば

自然《しぜん》な話《はな》し方《かた》をすれば、
あなたはこの世《よ》の誰《だれ》とも違《ちが》う独特《どくとく》の話《はな》し方《かた》をすることになる。
自分《じぶん》の個性《こせい》、自分独自《じぶんどくじ》の手法《しほう》をスピーチに盛《も》り込《こ》もう。

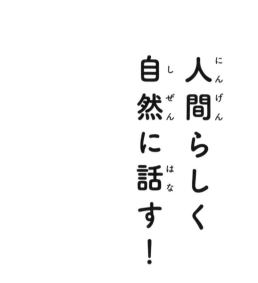

大切《たいせつ》なのは何《なに》を話《はな》すかじゃなくて、どう話《はな》すかだよ

やってみよう！

友《とも》だちと話《はな》すときのように、リラックスした感《かん》じで話《はな》す練習《れんしゅう》をしてみよう。

［齋《さい》藤《とう》先《せん》生《せい》の解《かい》説《せつ》］

人前《ひとまえ》に立《た》つとかたまっちゃって、すごく硬《かた》くなってる人っていないかな？「もう少《すこ》し自然《しぜん》に話《はな》せばいいんじゃない？」と思《おも》うよね。ふだん友《とも》だちと話《はな》すような感《かん》じ。友《とも》だちと話《はな》しているときは、ふつうに話《はな》せているよね。その延長《えんちょう》でいいんだ。ゆっくり話《はな》す人《ひと》はそのリズムでいいし、早口《はやくち》の人《ひと》は早口《はやくち》でいい。リラックスしたときにはその人《ひと》らしい味《あじ》が出《で》ていて、とてもいい話《はなし》ができるんだよ。

カーネギーさんも、話《はな》し方《かた》の指導《しどう》をするとき、必《かなら》ず「人間《にんげん》らしく話《はな》しなさい」と注意《ちゅうい》したんだって。だからみんなも自分《じぶん》の一番話《いちばんはな》しやすい話《はな》し方《かた》で話《はな》せばいいんだよ。ただし、「マジ、やばい」とかあまりにくだけた言葉《ことば》はさけようね。緊張《きんちょう》して、体《からだ》がかたまってきたら、軽《かる》くジャンプして、肩《かた》の力《ちから》を抜《ぬ》いて、ハッハッと息《いき》を吐《は》いてみるといいよ。

Q 17

どうしたら自然《しぜん》に話《はな》せるの？

聞《き》く人《ひと》の中《なか》から一人《ひとり》選《えら》んで、その人《ひと》と対話《たいわ》する！

カーネギーのことば

聴衆《ちょうしゅう》の中《なか》から、後《うし》ろのほうの一番《いちばん》飲《の》み込《こ》みの悪《わる》そうな人《ひと》を誰《だれ》か一人《ひとり》選《えら》び出《だ》し、その人《ひと》に向《む》かって話《はな》すのです。他《ほか》にも人《ひと》がいることはすっかり忘《わす》れましょう。その人《ひと》と「対話《たいわ》」をするのです。

みんな土《つち》にもぐるのが好《す》きだよね
モグラくんだけ見《み》すぎて偏《かたよ》った話《はなし》の内容《ないよう》になってる…！

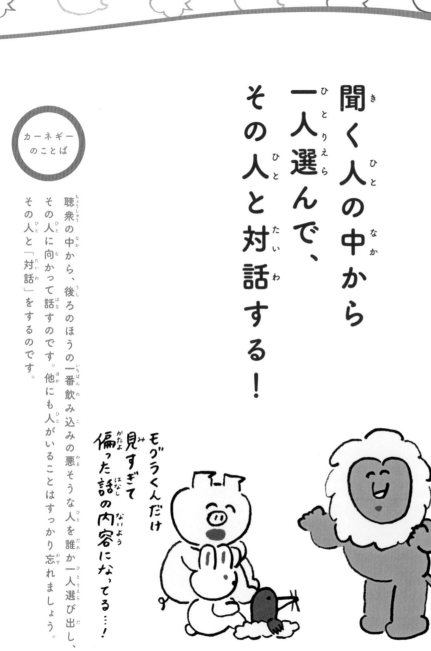

一人《ひとり》の子《こ》にターゲットをしぼって話《はな》しかけてみよう

［齋藤《さいとう》先生《せんせい》の解説《かいせつ》］

友《とも》だちとだったら、誰《だれ》でも自然《しぜん》に話《はな》せるけど、クラス全員《ぜんいん》やおおぜいになるとやっぱり緊張《きんちょう》しちゃうよね。そういうときは聞《き》いている人《ひと》の中《なか》から一人《ひとり》を選《えら》んで、その人《ひと》としゃべっている気分《きぶん》で話《はな》すといいんだよ。二人《ふたり》きりだと思《おも》えば、それほど緊張《きんちょう》しないですむからね。

一番《いちばん》いいのは、話《はなし》をちゃんと聞《き》いてくれそうな優《やさ》しい子《こ》を見《み》つけることなんだ。できれば、真《ま》ん中《なか》、右側《みぎがわ》、左側《ひだりがわ》にそれぞれ一人《ひとり》ずつ、優《やさ》しそうな子《こ》を見《み》つけて、順番《じゅんばん》に話《はな》していく。そうすれば、右《みぎ》、左《ひだり》、真《ま》ん中《なか》とまんべんなく全員《ぜんいん》を見《み》ている感《かん》じになるよね。反対《はんたい》に、自分《じぶん》が話《はなし》を聞《き》く側《がわ》に回《まわ》ったときは、話《はな》す人《ひと》が話《はな》しやすいように優《やさ》しい人《ひと》になろうね。話《はなし》をちゃんと聞《き》いて、ときどきうなずいてあげる。みんながうなずいてくれると、話《はな》す人《ひと》もものすごく話《はな》しやすくなるよ。

やってみよう！

話《はな》し手《て》、聞《き》き手《て》にわかれて、自分《じぶん》が聞《き》き手《て》になったときはうなずいてみよう。

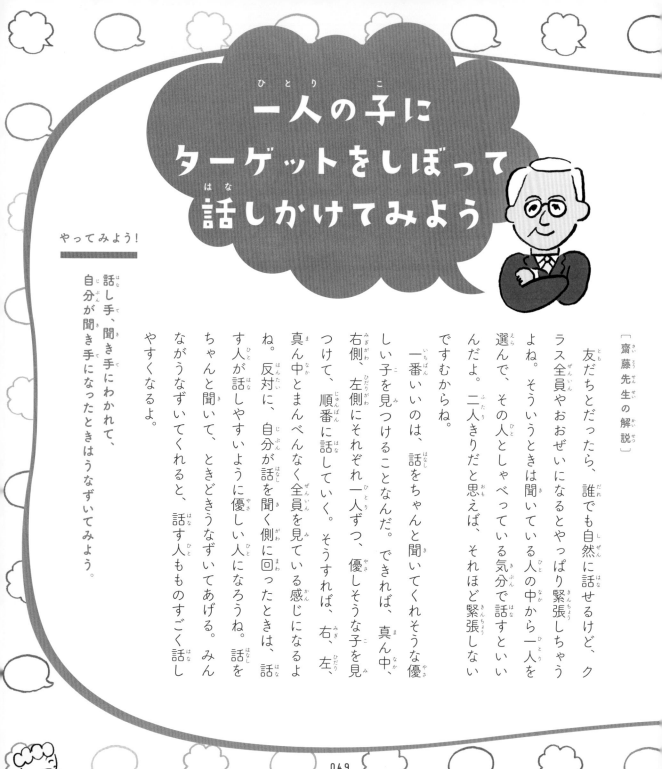

Q

18

大事《だいじ》なこと、ちゃんと伝《つた》わっているのかな？

カーネギーのことば

重要《じゅうよう》な言葉《ことば》は強調《きょうちょう》する！重要《じゅうよう》でない言葉《ことば》は軽《かる》く言《い》う！

会話《かいわ》では、私《わたし》たちは一語《いちご》の中《なか》の一音節《いちおんせつ》に狙《ねら》いを定《さだ》め、それを強《つよ》く発音《はつおん》し、その他《た》の音節《おんせつ》は（中略《ちゅうりゃく》）大急《おおいそ》ぎで発音《はつおん》します。

私《わたし》の叔父《おじ》さんはナ・マ・ズに似《に》ています
顔《かお》がナ・マ・ズに似《に》ているのです
ナマズという言葉《ことば》がなんだか心《こころ》に響《ひび》く…

内容《ないよう》をはっきり理解《りかい》し、大事《だいじ》な言葉《ことば》はゆっくり強《つよ》く

［齋藤《さいとう》先生《せんせい》の解説《かいせつ》］

重要《じゅうよう》なことをどうやって伝《つた》えたらいいのかということ、キーになる言葉《ことば》をしっかり強調《きょうちょう》すればいいんだ。「これもあれもそれも大事《だいじ》……」とやっていると、何《なに》が大事《だいじ》かわからなくなる。全部《ぜんぶ》大事《だいじ》はダメで、本当《ほんとう》に重要《じゅうよう》なものだけを強調《きょうちょう》すること。

たとえば「心技体《しんぎたい》といわれますが、じつは心技体《しんぎたい》のうち体《たい》こそが重要《じゅうよう》なんです」と強調《きょうちょう》すれば、「体《たい》」が大事《だいじ》なんだとわかるよね。「その『体《たい》』ですが」ともう一度《いちど》くり返《かえ》して強調《きょうちょう》する手《て》もあるし、ゆっくりしゃべる方法《ほうほう》もあるんだ。英語《えいご》を読《よ》むときも同《おな》じで、大事《だいじ》な英語《えいご》の単語《たんご》のところだけゆっくり、強《つよ》く発音《はつおん》すると、すごく伝《つた》わるよ。トランプ大統領《だいとうりょう》の〝fake《フェイク》 news《ニュース》〟とか、オバマさんの〝Yes《イエス》、we《ウィー》 can《キャン》〟も注意《ちゅうい》して聞《き》いていると、そこだけゆっくり強《つよ》く発音《はつおん》しているよ。強調《きょうちょう》する言葉《ことば》を意識《いしき》して話《はな》してみるとめりはりがつくんだ。

やってみよう！

短《みじか》い文章《ぶんしょう》を、めりはりなく読《よ》んでみよう。
次《つぎ》に同《おな》じ文章《ぶんしょう》を、重要《じゅうよう》な言葉《ことば》を意識《いしき》してゆっくり強《つよ》く読《よ》んでみよう。
どちらの読《よ》み方《かた》がわかりやすいかな？

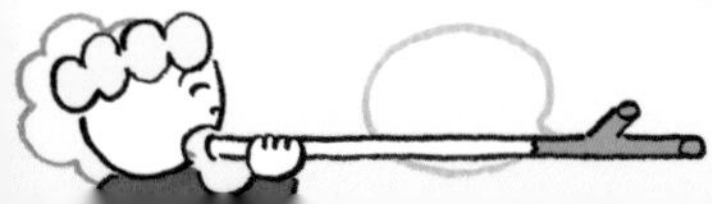

Q19 どうしたら飽《あ》きずに聞《き》いてもらえるの?

調《ちょう》子《し》を変《か》える!

川村《かわむら》くんが……と言《い》いました
なんと!・それに小島《こじま》くんが
……と言《い》ったのです!
大事《だいじ》なところが小声《こごえ》……!

カーネギーのことば

自分《じぶん》が選《えら》んだ句《く》や語《ご》のところで、急《きゅう》に声《こえ》の調子《ちょうし》を上《あ》げたり下《さ》げたりすることで、その句《く》や語《ご》を、前庭《ぜんてい》の青々《あおあお》とした月桂樹《げっけいじゅ》のように際立《きわだ》たせることができます。

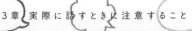

声《こえ》の調子《ちょうし》や高《たか》さ、速度《そくど》を変《か》えてみよう

［齋《さい》藤《とう》先《せん》生《せい》の解《かい》説《せつ》］

一本調子《いっぽんちょうし》の話《はな》し方《かた》が一番退屈《いちばんたいくつ》するんだ。ときどきゆっくり話《はな》してみたり、急《きゅう》に小《ちい》さな声《こえ》にして、ささやくように言《い》ってみたり、会話文《かいわぶん》を入《い》れて、「こんなことを言《い》われたんですけど、『よけいなお世話《せわ》だって』と返《かえ》しました」など、くだけたいい方《かた》をはさむといいよ。つまり話《はなし》に緩急《かんきゅう》（速《はや》い遅《おそ》い）や声《こえ》の大小《だいしょう》をつけると、聞《き》いている人は「あれ？」と思《おも》うんだよ。

話《はなし》の途中《とちゅう》で「さて、みなさん、ここで問題《もんだい》です。これは〇〇でしょうか？」と問《と》いかけを入《い》れるのもいいと思《おも》う。クイズ番組《ばんぐみ》みたいになって調子《ちょうし》が変《か》わるからね。ぼくは「みなさん、一緒《いっしょ》にくり返《かえ》してください。せーの」と全員《ぜんいん》で同《おな》じ言葉《ことば》をくり返《かえ》すのもよくやります。そうすると、みんなで何《なに》かやっている気持《きも》ちになって飽《あ》きないんだ。

やってみよう！

声《こえ》を大《おお》きくしたり、小《ちい》さくしたり、ゆっくり話《はな》したり、速《はや》く話《はな》したり、いろいろ変化《へんか》をつけて、文章《ぶんしょう》を読《よ》んでみよう。

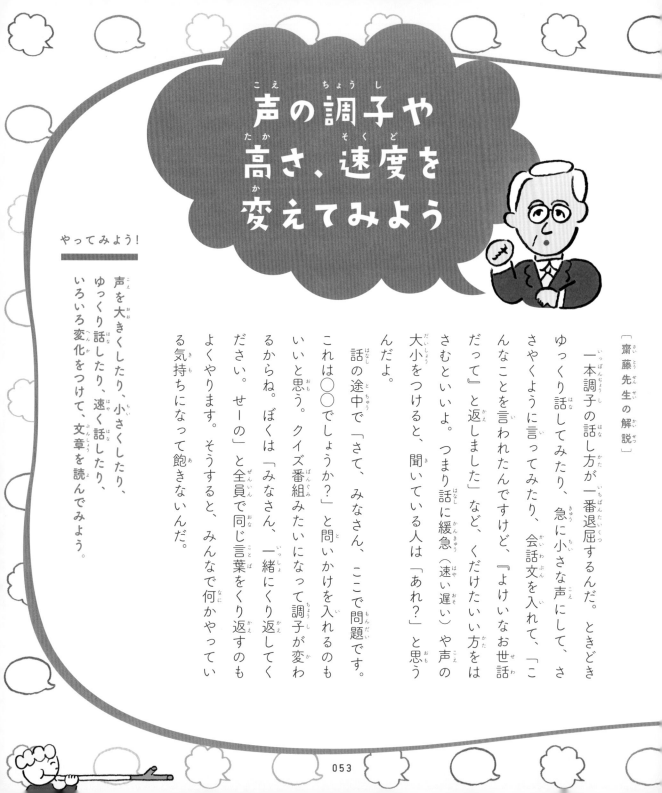

Q 20 「これだけはわかってほしい」ということがある

重要《じゅうよう》なポイントの前《まえ》に間《ま》をおく！

カーネギーのことば

（リンカーンは）演説《えんぜつ》が、聞《き》き手《て》の心《こころ》に深《ふか》く印象《いんしょう》づけたいと思《おも》う重要《じゅうよう》な問題《もんだい》に差《さ》しかかると、体《からだ》を前《まえ》にかがめてしばらく聞《き》き手《て》の目《め》をまっすぐ見《み》すえ、まったく何《なに》も言《い》いません。この突然《とつぜん》の沈黙《ちんもく》は突然《とつぜん》の音《おと》と同《おな》じ効果《こうか》がありました。

……
だまりこんで20分《ぷん》くらいたってない？
寝《ね》てるのかも

大事《だいじ》な言葉《ことば》がみんなの心《こころ》にしみこむまで待《ま》とう

［齋藤《さいとう》先生《せんせい》の解説《かいせつ》］

話《はなし》の途中《とちゅう》で、フッとひと呼吸置《こきゅうお》くことを「間《ま》」というんだ。笑《わら》いが起《お》きるためには「間《ま》」が重要《じゅうよう》なんだね。じつは「間《ま》」を置《お》くのはとても勇気《ゆうき》がいるんだよ。ふつうはどんどんしゃべりたくなっちゃう。だけどあえて、重要《じゅうよう》なことの前《まえ》でひと呼吸置《こきゅうお》いてみる。クイズ番組《ばんぐみ》で、正解《せいかい》を言《い》う前《まえ》に、ちょっと「間《ま》」を置《お》いて「ジャジャーン！ じつは〜、これです！」とやるよね。あんな感《かん》じ。

落語家《らくごか》はこの「間《ま》」のとり方《かた》が命《いのち》なんだよ。話《はな》す内容《ないよう》がおもしろいだけじゃなくて、「間《ま》」のとり方《かた》が上手《じょうず》だから、笑《わら》っちゃう。笑《わら》わせるのが上手《じょうず》な芸《げい》人《にん》の人《ひと》を見《み》ていても、ひと呼吸置《こきゅうお》いて、上手《じょうず》につっこむからドッと笑《わら》いが起《お》きるんだ。みんなもテレビを見《み》るときは、話《はなし》が上手《じょうず》な人《ひと》の話《はな》し方《かた》や「間《ま》」のとり方《かた》に注目《ちゅうもく》してみるといいよ。

やってみよう！

「間《ま》」のとり方《かた》に注意《ちゅうい》して、お笑《わら》い番組《ばんぐみ》やクイズ番組《ばんぐみ》を見《み》てみよう。友《とも》だち同士《どうし》で「間《ま》」のとり方《かた》を練習《れんしゅう》してみるのもおもしろいよ。

COLUMN《コラム》

覚《おぼ》えておきたい 有名《ゆうめい》なスピーチとは

● 「government of the people, by the people, for the people.」（人民《じんみん》の、人民《じんみん》による、人民《じんみん》のための政治《せいじ》）（リンカーン／アメリカ大統領《だいとうりょう》）

● 「one book and one pen can change the world. Education is the only solution.」（1冊《いっさつ》の本《ほん》、1本《いっぽん》のペンで世界《せかい》を変《か》えることができます。教育《きょういく》こそが唯一《ゆいいつ》の解決策《かいけつさく》です）（マララ・ユスフザイ／ノーベル平和賞受賞者《へいわしょうじゅしょうしゃ》）

● 「この1カ月半《かげつはん》でわかったことがあります。それは誰《だれ》かのために戦《たたか》う人間《にんげん》は強《つよ》い、ということです」（嶋基宏《しまもとひろ》／プロ野球選手《やきゅうせんしゅ》）

● 「I have a dream that one day on the red hills of Georgia, the sons of former slaves and the sons of former slave owners will be able to sit down together at the table of brotherhood.（私《わたし》には夢《ゆめ》がある。いつの日《ひ》かかつての奴隷《どれい》の子《し》孫《そん》たちとかつての奴隷《どれい》の主人《しゅじん》の子孫《しそん》たちが、兄弟《きょうだい》として同《おな》じテーブルを囲《かこ》むという夢《ゆめ》が）（キング牧師《ぼくし》／黒人運動家《こくじんうんどうか》）

第《だい》 4 章《しょう》

盛《も》り上《あ》げて話《はな》すには どうしたらいいの？

盛《も》り上《あ》がる話《はなし》にするには、どんなはじめ方《かた》、
終《お》わり方《かた》をしたらいいのかな？ 中身《なかみ》の工夫《くふう》はあるのかな？
盛《も》り上《あ》がる話《はなし》について考《かんが》えてみよう。

Q
21
みんなを引《ひ》きつける話《はなし》にしたい！

はじめと終《お》わりの言葉《ことば》を用意《ようい》！

カーネギーのことば

彼《かれ》（リン・ハロルド博士《はかせ》）は講演《こうえん》に先立《さきだ》って、はじめと終《お》わりの言葉《ことば》を周到《しゅうとう》に準備《じゅんび》しました。（中略《ちゅうりゃく》）実際《じっさい》、常識《じょうしき》と経験《けいけん》のある話《はな》し手《て》は皆《みな》そうしています。

みなさん
私《わたし》がお供《とも》に選《えら》ぶべきだったのは
カワウソだったんです！
どう聞《き》いていいか
わからないな…

何《なん》といってはじめるか、何《なん》といって終《お》わるかが大事《だいじ》だよ

［齋藤《さいとう》先生《せんせい》の解説《かいせつ》］

ぐだぐだの話《はなし》になって失敗《しっぱい》するのは、はじめと終《お》わりを決《き》めておかないからなんだよ。だいたい、失《しっ》敗《ぱい》する人《ひと》ははじめの入《はい》り方《かた》が弱《よわ》いんだ。失敗《しっぱい》しないためには最初《さいしょ》に人《ひと》の心《こころ》をつかまえるように、ガーンといく。たとえばぼくがロシアのドストエフスキーという人《ひと》の小説《しょうせつ》について話《はな》すとき、「みなさん、これは殺人小説《さつじんしょうせつ》だと思《おも》っていますが、じつは恋愛小説《れんあいしょうせつ》です」みたいに最初《さいしょ》に結論《けつろん》を言《い》ってしまう。そうすると、「なに、なに」と引《ひ》きつけられるでしょう？

そして最後《さいご》の言葉《ことば》も決《き》めておく。はじまりと終《お》わりの言葉《ことば》さえ決《き》めておけば、真《ま》ん中《なか》が多少流《たしょうなが》れても、何《なん》とかかっこうがつくよ。体操《たいそう》でもそうだよね。はじまるとき、ピッとポーズを決《き》めて、最後《さいご》もピタっと着地《ちゃくち》を決《き》めるから、「すごい！」といわれるんだ。

やってみよう！

はじめと終《お》わりの言葉《ことば》を決《き》めてから、話《はなし》をしてみよう。

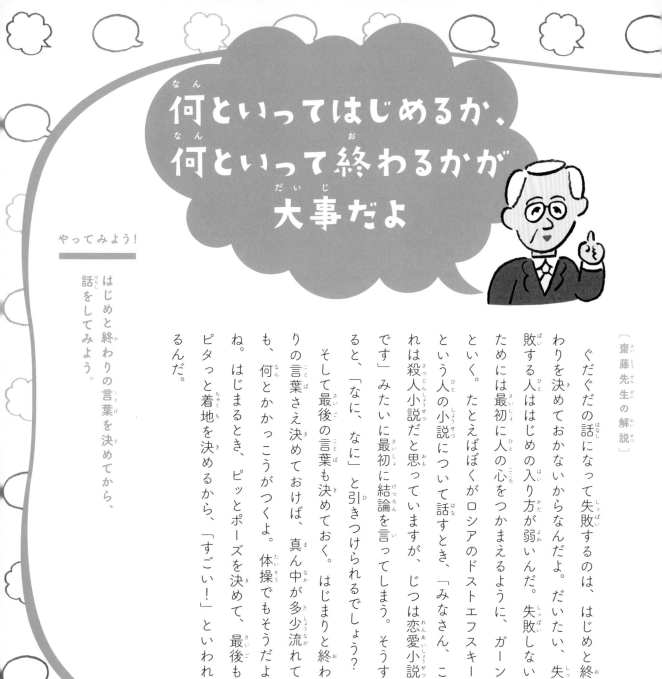

Q
22
みんなに好意《こうい》をもってもらえる話《はな》し方《かた》ってある？

笑顔《えがお》！「うれしくてたまらない！」という態度《たいど》

カーネギーのことば

笑顔《えがお》。ここにいるのがうれしくてたまらない、と言《い》いたげな態度《たいど》で聴衆《ちょうしゅう》の前《まえ》に出《で》よう。

鍋《なべ》にフタをして何度《なんど》も何度《なんど》も鍋《なべ》にフタをしました
鍋《なべ》にフタをしてるだけなのになんだか楽《たの》しい〜

とびっきりの笑顔《えがお》で話《はな》せば、みんな笑顔《えがお》になってくれるよ

［齋藤《さいとう》先生《せんせい》の解説《かいせつ》］

話《はな》すときの態度《たいど》はとても大切《たいせつ》だよ。「先生《せんせい》にいわれたから、いやいや話《はなし》をしてます」みたいな態度《たいど》だったら、こっちも聞《き》く気《き》がなくなるよね。いばった態度《たいど》や冷《つめ》たい表情《ひょうじょう》で話《はな》す人《ひと》もいやな感《かん》じ！　カーネギーさんは「話《はな》しはじめる前《まえ》から、聞《き》く人《ひと》は話《はな》し手《て》のことを判断《はんだん》しているんだ」と言《い》っています。

自分《じぶん》の話《はなし》を気持《きも》ちよく聞《き》いてもらいたかったら、感《かん》じのいい態度《たいど》で話《はな》そうね。一番《いちばん》いいのは、笑顔《えがお》でいること。ここにいるのが楽《たの》しくてたまらない、という態度《たいど》で話《はな》していると、聞《き》いている人《ひと》も楽《たの》しくなってくるんだ。日本《にほん》のことわざにも「笑《わら》う門《かど》には福《ふく》来《き》たる」というのがあるよね。笑顔《えがお》で楽《たの》しそうな人《ひと》の周《まわ》りには、幸《しあわ》せな空気《くうき》があふれるんだ。どうせ話《はな》すなら、自分《じぶん》も楽《たの》しく、聞《き》く人《ひと》も楽《たの》しく。温《あたた》かい雰囲気《ふんいき》で話《はなし》を聞《き》いてもらいたいよね。

やってみよう！

うれしくてたまらない笑顔《えがお》で話《はな》してみよう。次《つぎ》にふてくされた顔《かお》で同《おな》じ話《はなし》をしてみよう。聞《き》いているほうはどんな感《かん》じがするかな。

Q 23

みんなを笑《わら》わせるのが難《むずか》しい！

笑《わら》いは話《はな》し手《て》の個《こ》性《せい》！

カーネギーのことば

聴衆《ちょうしゅう》を笑《わら》わせる能力《のうりょく》ほど、身《み》につけるのが困難《こんなん》で、しかもめったに身《み》につかないものが他《ほか》にあるでしょうか？

玉手箱《たまてばこ》をうっかり開《あ》けてしまって ほらこの通《とお》りじゃ ファッハッハッハ～
ハハハ～
ハハハ 笑《わら》っていいのかな？

ユーモアは話《はな》す人《ひと》の個性《こせい》だよ

［齋藤《さいとう》先生《せんせい》の解説《かいせつ》］

みんなにドカンとウケる話《はなし》ができたらいいよね。でもこれはむずかしいんだ。「笑《わら》いの神《かみ》」がついている人《ひと》とついていない人《ひと》がいるからね。無理《むり》しないこと。わざと笑《わら》わせようとしなくても、その人《ひと》の個《こ》性《せい》に合《あ》った、その人《ひと》なりの話《はなし》がおもしろいんだよ。

ときどき自分《じぶん》では意識《いしき》していなかったのに、人《ひと》が笑《わら》ってくれることがあるよね。そういう話《はなし》を覚《おぼ》えておいて、話《はな》すものいいかもしれないね。ぼくは買《か》ったばかりのステレオを、電器店《でんきてん》の人《ひと》が「配線《はいせん》しましょうか」と言《い》っているのに、「いいです」と断《ことわ》って、自分《じぶん》で配線《はいせん》してこわしちゃったことがあるんだ。線《せん》と線《せん》をつないだら、ボンと音《おと》がして、煙《けむり》が出《で》て、新品《しんぴん》のステレオがこわれちゃった。知《し》ったかぶりをするもんじゃないよね。その話《はなし》をすると、みんな笑《わら》ってくれます。だいたい失敗《しっぱい》した話《はなし》が笑《わら》ってもらえるよ。

やってみよう！

自分《じぶん》の失敗談《しっぱいだん》を1分《ぷん》くらいの話《はなし》にまとめて、友《とも》だちに話《はな》してみよう。

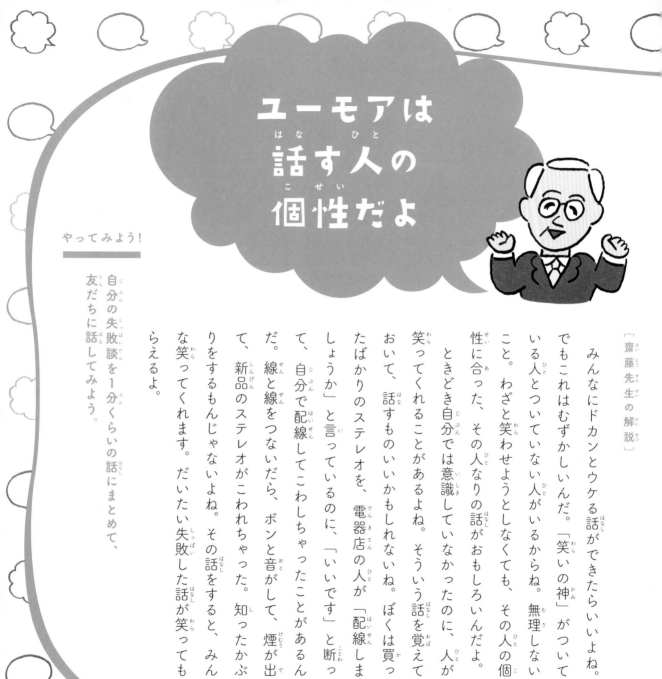

Q 24 むずかしい話《はなし》をするときはどんな工夫《くふう》をしたらいい？

わかりやすい具体例《ぐたいれい》を出《だ》す！

たとえばシャチがコアラだったら
フラミンゴよりビーバーより
木《き》に登《のぼ》りやすいよね
動物《どうぶつ》が出《で》てきすぎて
わかりにくいなあ…

カーネギーのことば

普通《ふつう》の聴衆《ちょうしゅう》にとって、抽象的《ちゅうしょうてき》な話《はなし》に長《なが》い間《あいだ》つきあわされるのは骨《ほね》が折れるし、つらいものです。その点《てん》、具体的《ぐたいてき》な話《はなし》だったら、ずっと聞《き》きやすく、理解《りかい》しやすくなります。

「たとえば」をつけて話《はなし》をしてみよう。わかりやすい話《はなし》になるよ

［齋藤先生《さいとうせんせい》の解説《かいせつ》］

むずかしい話《はなし》や、ややこしい話《はなし》も、「たとえば」という具体例《ぐたいれい》を示《しめ》すとすごくわかりやすくなるんだ。「スポーツでは心《こころ》のもち方《かた》が大事《だいじ》です」という話《はなし》があったとするよね。そのままだと何《なに》かおもしろくなさそう。でも「たとえば」をつけて「テニスの大坂《おおさか》なおみ選手《せんしゅ》が試合《しあい》で成績《せいせき》が出《で》なくて落《お》ち込《こ》んでいたとき、コーチが『君《きみ》ならできる』と言《い》い続《つづ》けて、我慢《がまん》することを教《おし》えたら、世界《せかい》ランク1位《い》になれたんだよ」という話《はなし》をすると、わかりやすいよね。たとえ話《ばなし》をすると話《はなし》が盛《も》り上《あ》がると覚《おぼ》えておこう。

もうひとつ覚《おぼ》えておきたいのは「たとえば」に対《たい》応《おう》する「つまり」という言葉《ことば》。たとえ話《ばなし》ばっかりだと「だから何《なん》なの？」になっちゃうので、たとえ話《ばなし》をまとめて「つまり、こういうことです」と言《い》えれば、完璧《かんぺき》だよ。

やってみよう！

「たとえば」と「つまり」を使《つか》って、1分《ぷん》で話《はな》せる話《はなし》をつくってみよう。

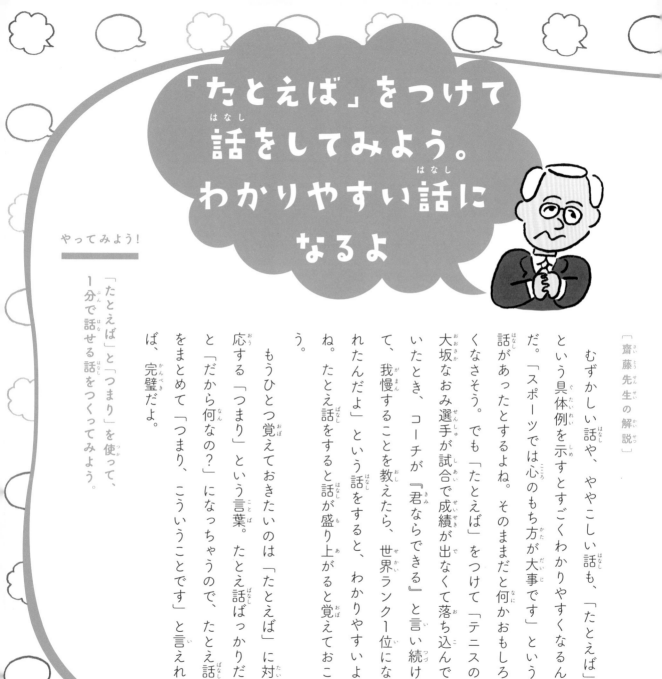

Q 25 こちらに注目《ちゅうもく》してもらうには、どうしたらいい?

物《もの》を見《み》せる!

カーネギーのことば

聞《き》き手《て》の注意《ちゅうい》を引《ひ》きつける一番簡単《いちばんかんたん》な方法《ほうほう》は、おそらく、何《なに》かを高《たか》く掲《かか》げてそれを見《み》てもらうことでしょう。幼児《ようじ》、ペットショップの猿《さる》、通《とお》りを歩《ある》いている犬《いぬ》でも、その種《しゅ》の刺激《しげき》には注意《ちゅうい》を向《む》けます。

はい これがうちのネコが描《か》いた魚《さかな》の絵《え》です〜
えー ほんとにー
ぼくより うまい…!

何《なに》か物《もの》を見《み》せると、どんな人《ひと》も注意《ちゅうい》を引《ひ》きつけられるよ

［齋《さい》藤《とう》先《せん》生《せい》の解《かい》説《せつ》］

物《もの》を見《み》せるほど強《つよ》いものはありません。ぼくの授《じゅ》業《ぎょう》でこんなことがあったんだ。メダカの話《はなし》をすることになったある学生《がくせい》が、メダカが入《はい》った水槽《すいそう》を、茨《いばら》城《き》県《けん》から東京《とうきょう》の大学《だいがく》までかついでもってきたんだよ。衝撃《しょうげき》なんてもんじゃなかった。もう10年《ねん》もたっているのにいまだに忘《わす》れられません。ほかにも、楽《がっ》器《き》を吹《ふ》いてみせたり、民族衣装《みんぞくいしょう》を持《も》ってきた学生《がくせい》もいたっけ。

「こういうものがあります」と現物《げんぶつ》を見《み》せると、インパクトが違《ちが》うよね。ぼくも講演《こうえん》には「上機嫌《じょうきげん》」とプリントした「上機嫌《じょうきげん》Tシャツ」を着《き》ていったり、チーンと鳴《な》るお鈴《りん》をもっていくこともあるんだ。

みんなも話《はなし》を盛《も》り上《あ》げたかったら、話《はなし》に関係《かんけい》する物《もの》をもっていって見《み》せるといいと思《おも》います。「何《なん》だろう?」とみんなが注目《ちゅうもく》してくれるよ。

やってみよう!

関係《かんけい》する物《もの》を用意《ようい》して、話《はな》してみよう。
みんなの反応《はんのう》はどうかな?

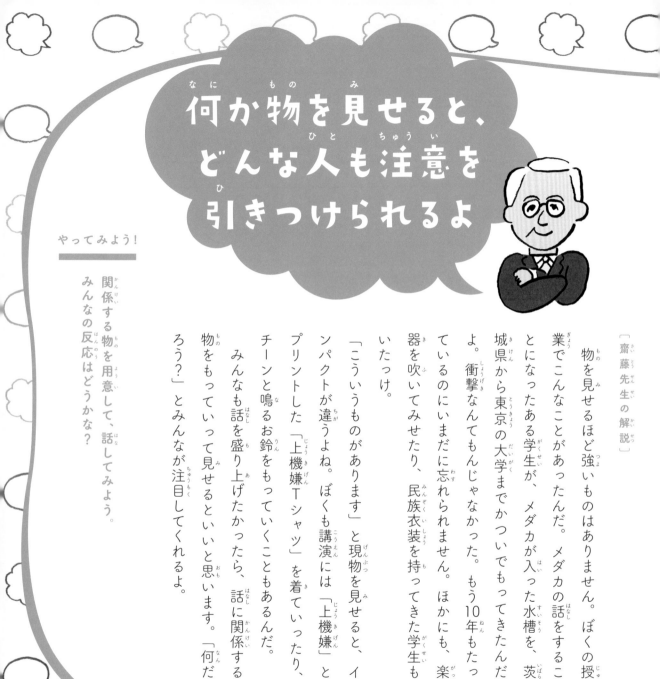

Q26 話《はな》しはじめるときの工夫《くふう》ってある？

聞《き》いている人《ひと》に問《と》いかけをする！

ジジャベジポッポをシークシークしてムムラナーダに渡《わた》すとどうなると思《おも》りますか？
…まったくなんのことかわからない…！

カーネギーのことば

この〝質問《しつもん》〟という鍵《かぎ》を使《つか》うことは、聴衆《ちょうしゅう》の心《こころ》を開《ひら》いて入《はい》っていくには最《もっと》も簡単《かんたん》で確実《かくじつ》な方法《ほうほう》です。他《ほか》の方法《ほうほう》でうまくいかない時《とき》は、いつもこの手《て》を使《つか》えばよいのです。

質問《しつもん》して一緒《いっしょ》に考《かんが》えてもらうと、みんな聞《き》いてくれるよ

〔齋《さい》藤《とう》先《せん》生《せい》の解《かい》説《せつ》〕

話《はなし》を上手《じょうず》にするには、問《と》いかけを2つか3つ用意《ようい》しておくといいんだ。「問《と》いを発《はっ》する」から発問《はつもん》というよ。話《はな》しはじめを質問《しつもん》ではじめると、みんな、「何《なん》だろう?」と思《おも》うんだよ。

たとえば「今《いま》はどれくらいの人《ひと》が新聞《しんぶん》を読《よ》んでいるでしょうか? 知《し》っている人《ひと》いますか?」と聞《き》いたり、クイズ形式《けいしき》で、「こうなる理由《りゆう》は何《なん》だと思《おも》いますか? 1つ目《め》はこれ、2つ目《め》はこれ。じゃあ3つ目《め》は?」みたいに聞《き》いていくと、「あれ? 何《なん》だろう?」と興味《きょうみ》を引《ひ》かれるよね。人《ひと》は質問《しつもん》されるとだいたい5秒《びょう》くらいは、それについて考《かんが》えることになっているんだ。話《はなし》にぜったい注目《ちゅうもく》してくれる。ただし質問《しつもん》の答《こた》えはわりとすぐにいってあげよう。長《なが》く引《ひ》っぱるとイライラするから。この質問形式《しつもんけいしき》はどんな話《はなし》にも使《つか》えるので、覚《おぼ》えておくと、とても便利《べんり》だよ。

やってみよう!

「何々《なになに》なのはどうしてだと思《おも》いますか?」とか「何々《なになに》を知《し》っていますか?」などの質問形式《しつもんけいしき》で話《はなし》を考《かんが》えてみよう。

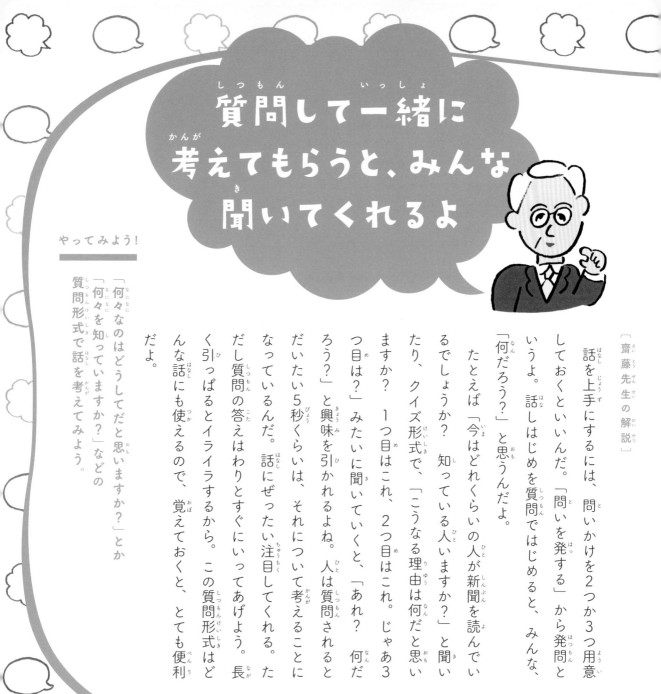

Q 27

みんなが「聞《き》いてよかった」と思《おも》ってくれる話《はなし》がしたい

聞《き》き手《て》が興味《きょうみ》を持《も》っていることについて話《はな》す！

カーネギーのことば

聞《き》き手《て》が個人的《こじんてき》に関心《かんしん》を持《も》っていることに結《むす》びつくような話題《わだい》から話《はな》しはじめる。
それが一番《いちばん》よいはじめ方《かた》です。これなら確実《かくじつ》に関心《かんしん》を引《ひ》きます。

鬼《おに》をやっつけるには一度《いちど》体《からだ》の中《なか》に入《はい》っておなかの中《なか》を針《はり》でチクッとするといいです
なるほど勉強《べんきょう》になる…
桃太郎《ももたろう》さんは入《はい》れませんよっ

聞《き》いている人《ひと》が関心《かんしん》をもっている話題《わだい》と結《むす》びつけよう

［齋藤先生《さいとうせんせい》の解説《かいせつ》］

聞《き》き手《て》が「これを聞《き》きたい」と思《おも》っている話《はなし》をすれば、みんな喜《よろこ》んで聞《き》いてくれるよ。サッカー部《ぶ》の人《ひと》が聞《き》くんだったら、サッカーの話《はなし》がいいし、勉強《べんきょう》ができるようになりたい人《ひと》が集《あつ》まっていたら、勉強《べんきょう》の話《はなし》をすればいいんだ。聞《き》き手《て》が聞《き》きたい話《はなし》をもっていくのが、話《はなし》を盛《も》り上《あ》げるコツだよ。

大切《たいせつ》なのは、いつも「これは何《なん》の集《あつ》まりだっけ？」と気《き》にかけておいて、その場《ば》にふさわしい話《はなし》をすること。お葬式《そうしき》のときに笑《わら》いながら話《はな》しちゃいけないし、結婚式《けっこんしき》だったら、おめでたい話《はなし》をしなくちゃいけない。

それと、みんなが喜《よろこ》ぶのは、全然《ぜんぜん》知《し》らない話《はなし》より、「ああ、それ、少《すこ》し知《し》ってる」という話《はなし》なんだ。ちょっと知《し》ってるけど、そこまで詳《くわ》しく知《し》らなかった、という話《はなし》をすると、「聞《き》いてよかった」と思《おも》ってもらえるよ。

やってみよう！

女《おんな》の子《こ》ばかり集《あつ》まっている場合《ばあい》、男《おとこ》の子《こ》ばかり集《あつ》まっている場合《ばあい》で、それぞれどんな話題《わだい》の話《はなし》をしたらいいか、考《かんが》えてみよう。

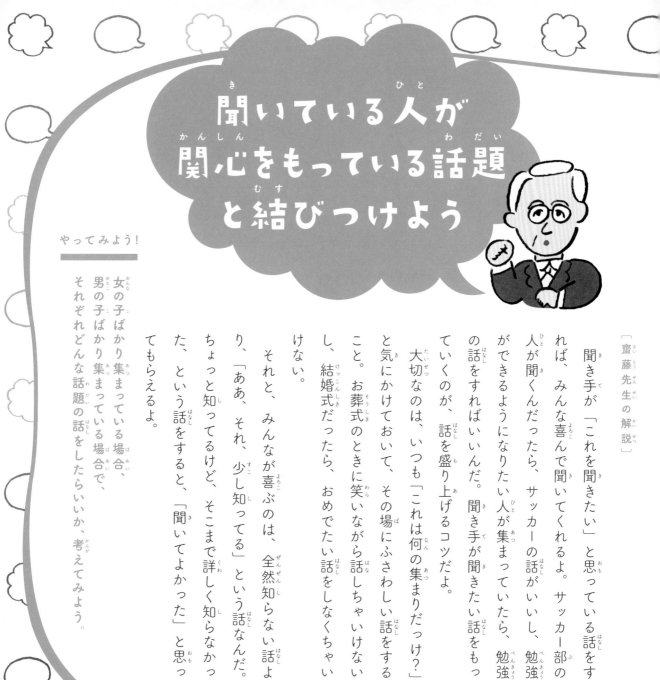

Q28
話《はな》しはじめると、みんな退屈《たいくつ》そうな顔《かお》をする

前置《まえお》きはなし！いきなり本題《ほんだい》に入《はい》ろう！

カーネギーのことば

前置《まえお》きは短《みじか》いに限《かぎ》る。文章一《ぶんしょうひと》つないし二《ふた》つで十分《じゅうぶん》。場合《ばあい》によってはまったく省略《しょうりゃく》してもかまわない。できるだけ少《すく》ない言葉《ことば》で題材《だいざい》の核心《かくしん》に突入《とつにゅう》するのがよい。

長々《ながなが》と前置《まえお》きするのはみっともないし、退屈《たいくつ》するよ

［齋藤《さいとう》先生《せんせい》の解説《かいせつ》］

みんなも経験《けいけん》があると思《おも》うけど、長々《ながなが》と前置《まえお》きして、なかなか話《はなし》がはじまらない人《ひと》っているよね。「先《さき》ほど紹介《しょうかい》されました何々《なになに》ですが、今日《きょう》はまだ準備《じゅんび》不足《そく》でして、うまく話《はな》せるかわかりませんが」とか、言《い》いわけや前置《まえお》きが長《なが》いんです。そういう話《はなし》は聞《き》いていてイライラするよね。話《はなし》が1分《ぷん》以内《いない》だと、退屈《たいくつ》な話《はなし》でも我慢《がまん》して聞《き》けるけど、それ以上《いじょう》になると飽《あ》きてきます。

ぼくは、あるパーティーで、話《はな》し手《て》の話《はなし》が長《なが》すぎて、聞《き》いていた人《ひと》が倒《たお》れたのを見《み》たことがあるんだ。そんな話《はなし》は無意味《むいみ》だよね。だからいきなり言《い》いたいことから入《はい》ってしまったほうがいいんだ。「今日《きょう》、言《い》いたいのはこれです」と本題《ほんだい》から入《はい》っちゃう。そして言《い》いたいことを言《い》ったら、さっさと終《お》わりにする。それがみんなのためなんだよ。

やってみよう！

前置《まえお》きをしないで、いきなり本題《ほんだい》からはじめる話《はなし》をつくってみよう。1分《ぷん》でどれくらい話《はな》せるかな？

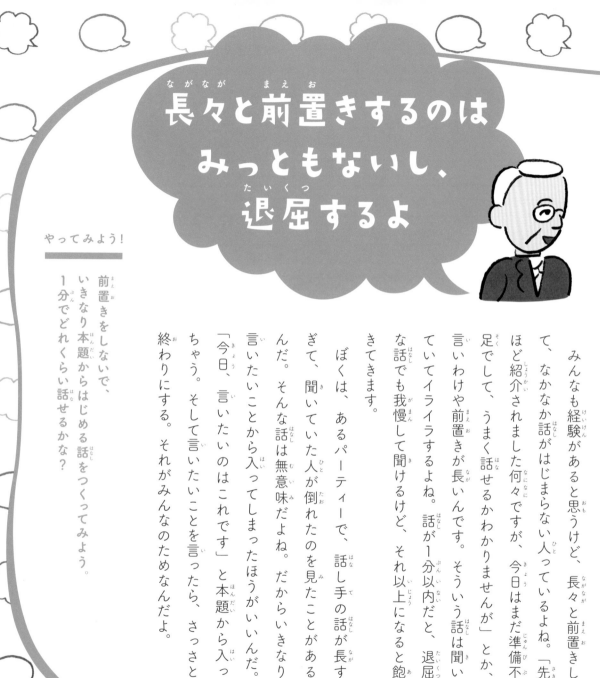

Q
29
みんなと違《ちが》う終《お》わり方《かた》がしたい！

要点《ようてん》をまとめる！あるいは引用《いんよう》で終《お》わる！

要《よう》するに「レジ袋《ぶくろ》をご入用《いりよう》の方《かた》はお声《こえ》がけください」ってね
スーパーのレジに書《か》いてる言葉《ことば》を
引用《いんよう》してる…??

カーネギーのことば

まず聴衆《ちょうしゅう》にこれから話《はなし》をするぞと予告《よこく》する。それから話《はなし》をする。最後《さいご》に、これで話《はな》し終《お》わったぞと教《おし》える。（中略《ちゅうりゃく》）締《し》めくくりに適切《てきせつ》な詩《し》を思《おも》いつくことができれば理想的《りそうてき》です。

要点《ようてん》をまとめるか、詩的《してき》な言葉《ことば》の引用《いんよう》で締《し》めくくろう

やってみよう！

いい言葉《ことば》を10個《こ》、見《み》つけてこよう。
そのどれかを話《はなし》の締《し》めくくりに使《つか》ってみよう。

〔齋藤先生《さいとうせんせい》の解説《かいせつ》〕

話《はなし》を聞《き》いているうちに、何《なん》となく流《なが》れて終《お》わってしまうことってあるよね。そういうときは「最後《さいご》に要点《ようてん》を言《い》います」とまとめてあげると親切《しんせつ》なんだ。「ポイントはこれとこれ。これをするときにはこうしよう」などすぱっと言《い》ってあげると、聞《き》いたほうも印象《いんしょう》に残《のこ》って「話《はなし》を聞《き》いてよかった」と思《おも》うでしょう。

それから話《はなし》の最後《さいご》を何《なに》かの引用《いんよう》で終《お》わると、すごく話《はなし》が引《ひ》き締《し》まるよ。アップルをつくったスティーブ・ジョブズという人《ひと》を知《し》ってるかな？　ジョブズが母校《ぼこう》の大学《だいがく》でスピーチした最後《さいご》の言葉《ことば》は「Stay hungry. Stay foolish.（ハングリーであれ。おろかものであれ）」。とても有名《ゆうめい》なんだけど、あれも別《べつ》の人《ひと》の言葉《ことば》の引用《いんよう》なんだ。みんなもいい言葉《ことば》を見《み》つけたら、メモしておいて、話《はなし》の最後《さいご》に使《つか》うととても印象的《いんしょうてき》だよ。

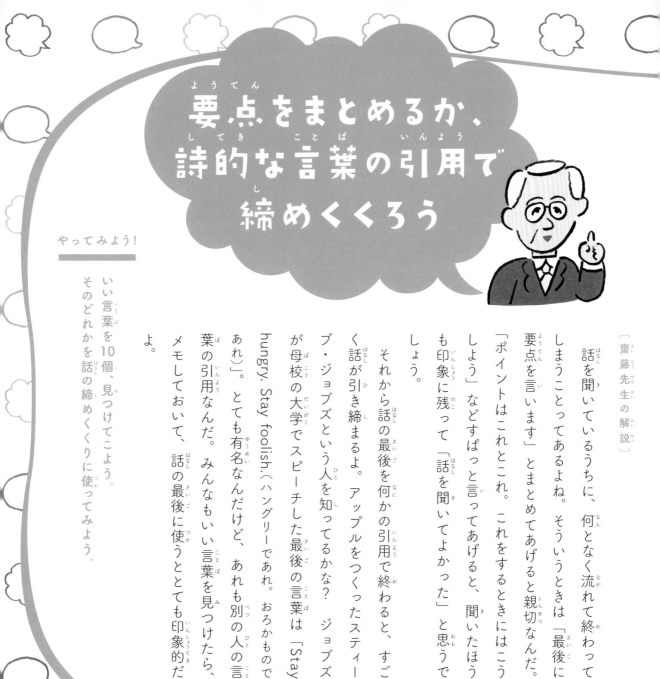

Q 30

いつまでも心《こころ》に残《のこ》るような話《はなし》がしたい！

絵《え》が思《おも》い浮《う》かぶように話《はな》す！

土《つち》でできた台《だい》
太《ふと》いきしめんのようなものだけを体《からだ》に巻《ま》き
マシュマロのようなものたちが
押《お》し合《あ》う世界《せかい》
不思議《ふしぎ》な世界《せかい》…
…相撲《すもう》のことじゃない…？？

カーネギーのことば

聞《き》き手《て》によくわからせたいと思《おも》うなら、
話《はなし》の要点《ようてん》を絵《え》に描《か》いて、
あなたの考《かんが》えが目《め》に見《み》えるようにしましょう。

視覚《しかく》に訴《うった》えよう。見《み》たものは聞《き》いたものの25倍《ばい》も注目《ちゅうもく》できるよ

［齋藤先生《さいとうせんせい》の解説《かいせつ》］

頭《あたま》の中《なか》にイメージが浮《う》かぶような話《はな》し方《かた》ができると、聞《き》いたほうは「いい話《はなし》だったな」と思《おも》えるんだ。たとえば「みなさん、思《おも》い浮《う》かべてください。古《ふる》い池《いけ》があります。そこにカエルがいて、ポチャンと音《おと》がしました。池《いけ》を見《み》ると、カエルはもういなくて、水《みず》の波紋《はもん》だけがワワワーンと広《ひろ》がっています」。そう言《い》ってから「古池《ふるいけ》や蛙飛《かわずと》び込《こ》む水《みず》の音《おと》」の句《く》を説明《せつめい》すると、イメージが伝《つた》えやすいよね。

絵《え》が浮《う》かぶように話《はな》すには自分《じぶん》の頭《あたま》の中《なか》に絵《え》を浮《う》かべればいいんだ。それをそのまま伝《つた》えよう。話《はな》す人《ひと》と聞《き》く人《ひと》でお互《たが》いに絵《え》が共有《きょうゆう》できるよ。上手《じょうず》な歌《か》手《しゅ》はそれがうまいんだ。「この人《ひと》の歌《うた》を聞《き》いていると情景《じょうけい》が浮《う》かんでくるな」という歌手《かしゅ》がそれ。話《はな》すときも相手《あいて》の頭《あたま》の中《なか》で絵《え》が浮《う》かぶようにすると、ふわーっとみんなが同《おな》じ気持《きも》ちになれるよ。

やってみよう！

自分《じぶん》の中《なか》でイメージを浮《う》かべてから、それを相手《あいて》に伝《つた》えてみよう。イメージが共有《きょうゆう》できたかな？

修《しゅう》了《りょう》証《しょう》

殿《どの》

あなたは、『こども「話《はな》し方入門《かたにゅうもん》」』を読《よ》んで、
上手《じょうず》に話《はなし》を伝《つた》える方法《ほうほう》をすすんで学《まな》ぶことができました。
これからも、カーネギーおじさんの教《おし》えを忘《わす》れず、
人《ひと》の前《まえ》に出《で》ても堂々《どうどう》とお話《はなし》ができるような人間《にんげん》になって、
たくさんの人《ひと》とコミュニケーションを楽《たの》しんでください。

年　月　日　カーネギーおじさん

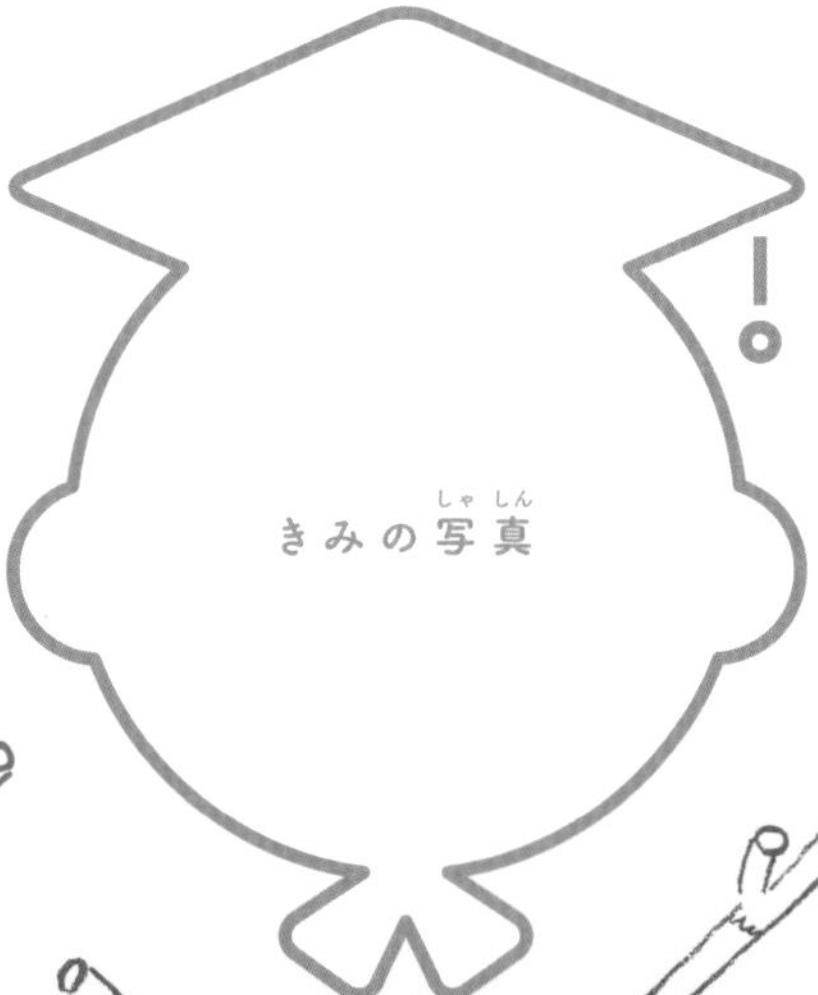

右《みぎ》ページの修了証《しゅうりょうしょう》は、
特設《とくせつ》ページからも
ダウンロードできます

齋藤孝（さいとう・たかし）

1960年静岡県生まれ。明治大学文学部教授。東京大学法学部卒。専門は教育学、身体論、コミュニケーション論。『身体感覚を取り戻す』（NHK出版）で新潮学芸賞受賞。『声に出して読みたい日本語』（草思社）で毎日出版文化賞特別賞を受賞。同シリーズは260万部のベストセラーになり、日本語ブームを巻き起こした。主な著書に『読書力』『コミュニケーション力』（以上、岩波書店）、『語彙力こそが教養である』（KADOKAWA）、『大人の語彙力ノート』（SBクリエイティブ）、『言いたいことが一度で伝わる論理的日本語』『50歳からの名著入門』（以上、海竜社）等がある。著書累計発行部数は1000万部を超える。TBSテレビ「新・情報7daysニュースキャスター」、日本テレビ「世界一受けたい授業」等テレビ出演も多数。NHK Eテレ「にほんごであそぼ」総合指導。

カーネギーおじさんに教《おそ》わるシリーズ③

こども『話《はな》し方《かた》入門《にゅうもん》』――伝《つた》わる話《はな》し方《かた》

2020年3月20日　第1版第1刷発行

著　者　齋藤孝
発行者　矢部敬一
発行所　株式会社 創元社
〈本　　社〉〒541-0047 大阪市中央区淡路町4-3-6
電話 06-6231-9010（代）
〈東京支店〉〒101-0051 東京都千代田区神田神保町1-2 田辺ビル
電話 03-6811-0662（代）
〈ホームページ〉https://www.sogensha.co.jp/
編集協力　辻由美子
イラスト　ニシワキタダシ
ブックデザイン　小口翔平＋岩永香穂＋喜來詩織（tobufune）
印　刷　図書印刷

本書の感想をお寄せください
投稿フォームはこちらから ▶▶▶▶

この本《ほん》の元《もと》になった『カーネギー話《はな》し方入門《かたにゅうもん》』は、人生《じんせい》の羅針盤《らしんばん》として、またビジネスパーソンの教科書《きょうかしょ》として、世界中《せかいじゅう》の人《ひと》たちに読《よ》み継《つ》がれています。

新装版 カーネギー話し方入門

D・カーネギー 著　市野安雄 訳〔四六判・上製・316頁〕

話《はな》し方教室《かたきょうしつ》の講師《こうし》としての長年《ながねん》にわたる経験《けいけん》を土《ど》台《だい》に、カーネギーが独自《どくじ》に創《つく》り出《だ》した話《はな》し方《かた》のノウハウ。深《ふか》い人間洞察《にんげんどうさつ》に根《ね》ざした方法論《ほうほうろん》だけに説得《せっとく》力抜群《りょくばつぐん》。スピーチを憂鬱《ゆううつ》に感《かん》じている人《ひと》に自信《じしん》を与《あた》える最良《さいりょう》の書《しょ》。

好評既刊

カーネギー話し方入門
文庫版
D・カーネギー 著、
市野安雄 訳
〔A6判・並製・328頁〕

マンガで読み解く
カーネギー話し方入門
D・カーネギー 原作、歩川友紀 脚本、
青野渚 漫画
〔四六判・並製・192頁〕

22歳からの社会人になる教室③
齋藤孝が読む
カーネギー『話し方入門』
齋藤孝 著
〔四六判・並製・192頁〕